JN301549

使える
スペイン語フレーズ
500

中級へのステップアップ

マリャヨランダ・フェルナンデス／上田 隆 著

En Cuatro Palabras
Locuciones Frecuentes en Castellano

三修社

はじめに

　近年、スペインやラテンアメリカへの関心が高まっており、書店に並ぶスペイン語の学習書も随分と増えてきました。しかし、そのほとんどが初めてスペイン語を学ぶ人のための入門書であることに気付くはずです。一通りの基礎を習い終えた後にどの本を手に取ったら良いかわからない、と感じている人も多いのではないでしょうか。

　初級を卒業し次のステップを踏み出したい、スペイン語圏に旅行し現地の人と会話をしてみたい。本書は、そんな皆さんのために作られたスペイン語成句・慣用句集です。ネイティブ同士の会話では、日本とは異なる文化や歴史を反映した慣用句が多く使われており、これらを知らないと、誤解が生じかねません。ここでは、「気が合う」や「口を挟む」など、最も基本的で使用頻度の高い慣用表現を、わかりやすい用例とともに紹介します。慣用句が使えるようになると、表現の幅がグンと広がり、会話が楽しくなること間違いなしです。

　それと同時に、本書はDELEの対策本でもあります。DELEとはスペイン政府公認のスペイン語能力試験で、国際的な認知度も高いため、その受験者数は年々増加しています。この試験の「文法・語彙」のパートで出題される慣用句までは、普段の勉強では、なかなか手が回らないと思いますが、本書ではDELEの過去問を分析し500の表現を精選してありますので、それに即した実力を養えます。

　なお巻末には、練習問題と解答を付しましたので、最後に理解度のチェックをしてみてください。本書を通じて、皆さんのスペイン語コミュニケーション能力に磨きをかけるお手伝いができれば幸いです。

2009年早春
著者

本書の使い方

本書は、500の成句・慣用句の意味と用例により構成されています。

・見出し

アルファベット順に並んでいます。
一部、全く同じ意味をもつ慣用句をあわせて掲載しました。
過去に DELE で出題されたものは ✿ で表してあります。

・分類

意味を正確に把握できるよう、収録した慣用句を8種類に分類し記しました。詳しくは次頁を参照してください。
また、主に特定の動詞と結びついて使用されるものは、ここに説明を加えました。

・意味

日本語にほぼ同様の慣用表現がある場合はそれも載せましたが、微妙な意味の違いもありますので、例文で確かめるようにしてください。

・例文・訳文

例文は、スペイン語の基本を一通り習得した人が十分に理解できるレベルです。会話や短文の形で身近なテーマを取り上げたので、読みながら自然と使い方を身に付けられるでしょう。また、例文中の慣用句は太字にし、本書に収録した別の慣用句が使われている場合は下線を引いて参照先のページを記しました。
日本語訳は、慣用句のニュアンスも自然に表現するため、逐語訳ではなく意訳を掲載しました。

慣用句の分類と使い方

　慣用句とは、複数の単語が結びつき、個々の単語の意味とは関係なく、それ全体で特定の意味を表すものです。したがって、基本的には構成する単語の順序や性・数は不変です。慣用句はその種類により使い方が異なるので、本書に収めた慣用句を、文中でもつ働きにより以下のように分類しました。

✪ *Locución adjetiva*　形容詞句
　形容詞のような働きがあり、名詞を修飾したり、ser や estar の属詞になることができます。

✥ *Locución adverbial*　副詞句
　副詞的に機能し、主に動詞を修飾します。事物の状態、場所、時、数量を表すものなどがあります。

★ *Locución intensificadora*　強意句
　名詞・動詞・形容詞などを修飾し、量や程度を強めます。強意句は、muy や mucho などの語と置き換えられます。

✺ *Locución interjectiva*　間投詞句
　間投詞のように働き、話し手の感動・強調・驚き・恐怖などの感情を表します。多くの場合、感嘆符をともないます。

❀ *Locución preposicional*　前置詞句
　前置詞と同様の働きをします。前置詞句はそれぞれ固有の意味を有し、言い換えできない場合が多いです。

✽ *Locución sustantiva*　名詞句
　名詞的に働き、文章の主語や目的語となることができます。

❖ *Locución verbal*　動詞句
　動詞が少なくともひとつ含まれ、文章の述語になるなど、動詞のような働きをします。

　以上の7種類に加え、文中では明確な役割を果たさず、それ自身が文章

v

となりうる慣用表現も存在します。このような成句を ✻〔expresion coloquial〕と呼ぶことにします。

さて、形容詞と形容詞句、副詞と副詞句というように、品詞に留意しつつ、同じ意味の単語と慣用句を置き換えて使用することができます。

130ページで紹介する慣用句 para dar y tomar を例に考えてみましょう。この表現は muchísimo, abundantemente などの意味があります。したがって、これらの単語や他の類義語と差し換えても、文章の意味は必ず保たれるはずです。

Tengo mucho trabajo.　　仕事がたくさんある。
Tengo trabajo para dar y tomar.　　仕事が山ほどある。

上の例のように、慣用句の文中での位置が変わることはあっても、慣用句自体の形は一切変化しないことに注目してください。

ただし、動詞句に関しては、時制・法・人称変化に伴い、動詞が活用しますので注意が必要です。118ページで紹介する、equivocarse という意味の慣用句 meter la pata を例に見てみましょう。

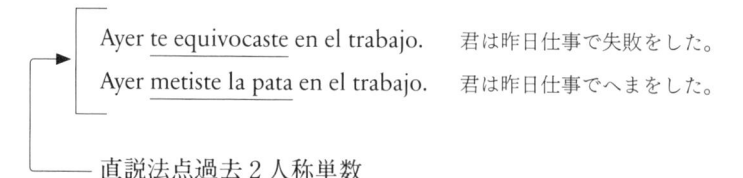

Ayer te equivocaste en el trabajo.　　君は昨日仕事で失敗をした。
Ayer metiste la pata en el trabajo.　　君は昨日仕事でへまをした。

直説法点過去2人称単数

No creo que se haya equivocado.　　失敗したとは思わない。
No creo que haya metido la pata.　　どじを踏んだとは思わない。

接続法現在完了3人称単数

A

A bombo y platillo

❖ *Locución adverbial* decir, comunicar, informar などと共に

Ⓢ Anunciar una noticia dándole gran publicidad y notoriedad.
おおげさに、鳴り物入りで

Ⓔ Comunicaron la noticia **a bombo y platillo** a pesar de que ya todos la sabían.
そのニュースは誰もが既に知っていたにもかかわらず、大々的に報じられた。

Están anunciado **a bombo y platillo** en la radio la apertura de una nueva óptica en la ciudad.
ラジオで、町に眼鏡屋が新しく開店することを大々的に宣伝していた。

A brazo partido

❖ *Locución adverbial* luchar, pelear, combatir などと共に

Ⓢ Sólo con los brazos, sin usar armas. Denodadamente.
素手で；粘り強く果敢に（闘う）

Ⓔ Luchó **a brazo partido** por conseguir el trabajo y su esfuerzo tuvo éxito.
仕事を得るべく奮闘し、その努力は報われた。

Juana pelea **a brazo partido** para vencer el cáncer. Espero que sea fuerte y pueda vencer a la enfermedad.
ホアナは癌と懸命に闘っているの。克服して元気になってくれるといいな。

A buenas horas, mangas verdes
❈ (*expresion coloquial*)

Ⓢ Reproche por hacer algo tarde o fuera de lugar.
時機遅れだと非難・揶揄する言葉

Ⓔ ¿Ahora que he terminado el trabajo vienes a ayudarme? ¡**A buenas horas, mangas verdes**!
仕事が終わった今頃になって手伝いに来るってか？遅かりし由良之助だ！

¿Después de que llevo esperándote tres horas me avisas de que no puedes venir? ¡**A buenas horas, mangas verdes**!
3時間も待たせといて来れないだと？今さら遅いっつーの！

A bulto
❖ (*Locución adverbial*) 他動詞と共に

Ⓢ Sin calcular; sin pensar; sin examinar bien las cosas.
いい加減に、よく考えず

Ⓔ Eché la sal **a bulto** y la comida quedó salada.
目分量で塩を加えたら、料理がしょっぱくなってしまった。

José siempre habla **a bulto** y después tiene problemas.
ホセはいつも口から出まかせを言って、後で困ったことになる。

A cuerpo de rey
❖ (*Locución adverbial*) vivir, comer, estar, recibir, tratar などと共に

Ⓢ Con lujo; con comodidades.
贅沢かつ快適に

Ⓔ El año pasado le tocó la lotería y ahora vive **a cuerpo de rey**.
去年宝くじに当たった彼は、現在、贅沢三昧に暮らしている。

En este hotel nos han tratado **a cuerpo de rey**, con todos los lujos y comodidades.
このホテルには豪華で快適な設備が整っており、至れり尽くせりのもてなしを受けた。

A diestra y siniestra

✣ ⟨ *Locución adverbial* ⟩

Ⓢ A derecha e izquierda. Por extensión, en todas las direcciones, hacia todas las partes y sin control ni medida.
右から左へ、四方八方へ無秩序に；手当たり次第

Ⓔ En la fiesta se pusieron a lanzar cohetes **a diestra y siniestra**.
祭りではあちらこちらで打ち上げ花火が上がった。

Estaba muy enfadado y lanzaba improperios **a diestra y sinistra**.
激怒して、誰彼構わず罵言を吐いた。

A dos velas

✣ ⟨ *Locución adverbial* ⟩ estar, dejar と共に

Ⓢ Sin recursos económicos; sin dinero.
一文無し

Ⓔ Cuando era estudiante estaba siempre **a dos velas**.
学生時代はずっと貧乏生活だったものさ。

A fin de mes me quedo **a dos velas**. No consigo ahorrar nada.
月末はお金がなくて、少しも貯金できない。

A flor de piel

✣ ⟨ *Locución adjetiva* ⟩ llevar, sentir と共に

Ⓢ Se usa cuando algún sentimiento es tan evidente que cualquiera puede verlo.
（感情が）はっきりと表れる

Ⓔ Se ha puesto amarillo. Es evidente que lleva el miedo **a flor de piel**.
恐怖で血の気を失ったのは誰の目にも明らかだ。

Siento tu amor **a flor de piel** cuando me miras.
君の瞳に愛が溢れているね。

A grandes rasgos
∴ (Locución adverbial)

Ⓢ En resumen. De forma abreviada. Por encima.
要するに、大まかに

Ⓔ El problema **a grandes rasgos** es que María se ha quedado sin trabajo.
早い話が、問題はマリアが失業してしまったということだ。

El argumento de la película **a grandes rasgos** es sobre las dificultades una familia de emigrantes mejicanos en Estados Unidos.
大まかに話すと、この映画はメキシコからアメリカに渡った移民家族の苦難の物語だ。

A grito pelado
∴ (Locución adverbial)

Ⓢ Gritando, con la voz muy alta.
声高に、どなって

Ⓔ Nos dio la noticia **a grito pelado** y todo el mundo se enteró.
大声で知らせるもんだから、みんなに知れ渡ってしまった。

No me hables **a grito pelado**, que no soy sorda.
そんなにがなり立てなくても、ちゃんと聞こえるから。

A la buena de Dios
∴ (Locución adverbial)

Ⓢ Sin premeditación. Sin pensar. Cándidamente.
準備もなしに、行き当たりばったりに、もののはずみで

Ⓔ Vino a visitarnos **a la buena de Dios** y no nos encontró en casa.
思いつきで会いに来たらしいが、私たちはちょうど外出中だった。

No te enfades. Eso lo he hecho **a la buena de Dios**, sin pensar que podía molestarte.
怒らないでよ、君に迷惑がかかるなんて思いもせずに、ふとやってしまっただけなんだから。

A la fuerza ahorcan

❋ *expresion coloquial*

Ⓢ Resignación ante una situación que sólo ofrece una posibilidad de actuación.

(やむを得ない状況で）しぶしぶ行う

Ⓔ No quiero pagar los impuestos pero **a la fuerza ahorcan**... si no los pago tendré problemas.

税金は払いたくないけど、まあ仕方ないか。払わないとえらいことになるもんなあ。

No quiero quedarme en la oficina hasta muy tarde pero no me queda más remedio ¡Qué voy a hacer! **¡A la fuerza ahorcan!**

そりゃあ、夜遅くまでオフィスにいたくはないけど、どうにもならないんだよ。諦めるしかないだろう？

A la greña

✣ *Locución adverbial*

Ⓢ Estar enfrentados, con hostilidad y violencia.

反目しあって、いがみあって

Ⓔ José y Antonio siempre están **a la greña**, por eso no quiero que vengan.

ホセとアントニオは犬猿の仲だから、二人には来てほしくない。

Luis y María andan **a la greña**. Tal vez se divorcien.

ルイスとマリアはお互いにとげとげしく、もう続かないかもしれない。

A la tercera va la vencida

❋ *expresion coloquial*

Ⓢ Después de dos fracasos, el tercer intento suele tener éxito.

三度目の正直

Ⓔ Suspendió el examen dos veces pero **a la tercera fue la vencida** y lo aprobó.

二度も試験に落ちたけど、三度目の正直でやっと合格だ。

Después de dos matrimonios, **a la tercera fue la vencida**. Parece que ahora es feliz con su nueva familia.

バツ2のあいつも、三度目の結婚では幸せな家庭を築いているみたい。

A la vejez, viruelas

✻ (expresion coloquial)

Ⓢ Indica que una acción propia de la juventud se realiza en la vejez.
年寄りの冷や水

Ⓔ Ahora que tiene 70 años quiere aprender a conducir... **A la vejez, viruelas**.
70歳にもなってから運転できるようになりたいだなんて、年寄りの冷や水だよ。

Cuando se jubiló, comenzó a estudiar. **A la vejez, viruelas**.
引退すると、年甲斐もなく勉強を始めた。

A las primeras de cambio

✤ (Locución adverbial)

Ⓢ Al principio; nada más iniciarse una acción.
ただちに、何かが起こってすぐに

Ⓔ Nuestro equipo fue eliminado **a las primeras de cambio**.
我々のチームは初戦でトーナメントから姿を消した。

Vino pero **a las primeras de cambio** se fue corriendo sin dar ninguna explicación.
彼女は姿を見せたと思ったら、何の説明もなしに、すぐに走り去ってしまった。

A las tantas / las mil

✻ (Locución sustantiva)

Ⓢ A altas horas de la noche; muy tarde; fuera de tiempo.
夜遅く、大変遅く

Ⓔ Cuando sale con sus amigos vuelve siempre **a las tantas** y sus padres ya están enfadados con él.
友人たちと遊びに出るといつも帰りが遅くなって、両親はもうカンカンだ。

Si acepto ese trabajo, me darán **las mil** esta noche.
この仕事を引き受けたら、今夜はすごく遅くなるんだろうな。

A los cuatro vientos
✢ (*Locución adverbial*)

Ⓢ Decir, contar, proclamar algo para que todo el mundo se entere.
あらゆる方面に、公然と

Ⓔ Proclamó **a los cuatro vientos** que le habían ascendido y luego resultó ser falso.
彼は自分の昇進をいろいろなところで吹聴したのに、後で勘違いだったとわかった。

Dio la noticia **a los cuatro vientos** porque quería que todos se enteraran.
そのニュースをみんなに知ってもらいたくて、あちこちに触れまわった。

A mansalva
✢ (*Locución adverbial*)

Ⓢ En abundancia; en gran cantidad.
たくさん、大量に

Ⓔ En esta época llueve **a mansalva**, así que no salgas de casa sin el paraguas.
この時期は本当によく雨が降るから、外出するときは傘を持ちなさい。

José es tan bueno que tiene amigos **a mansalva**.
ホセはほんとにいいやつだから、友達もいっぱいいるんだよ。

A manta
✢ (*Locución adverbial*)

Ⓢ Igual que "a mansalva", intensifica la cantidad.
たくさん、大量に

Ⓔ En el jardín han salido flores **a manta**.
庭に花が咲き乱れた。

Su casa parece una biblioteca porque lee **a manta**.
あいつは大の本好きで、家が図書館みたいだ。

A marchas forzadas
⁂ (*Locución adverbial*)

Ⓢ Muy deprisa; hacer algo en menos tiempo del necesario.
大急ぎで、最小限の時間で

Ⓔ Estoy estudiando **a marchas forzadas** para el examen de mañana.
明日の試験に向けて、一夜漬けをしているところだ。

Necesito terminar el trabajo **a marchas forzadas** y estoy trabajando 12 horas al día.
この仕事を早急に片付ける必要があって、毎日12時間働いている。

A ojo de buen cubero / A ojo
⁂ (*Locución adverbial*)

Ⓢ Aproximadamente. Sin medir con precisión.
概算で、ざっと見て

Ⓔ No tengo la receta de este plato. Lo he preparado **a ojo de buen cubero**.
レシピなんてないのよ。ざーっと作ったの。

Calculando **a ojo**, en la fiesta habría más de cincuenta personas.
ざっと見て、パーティには50人以上いたんじゃないの。

A pedir de boca
⁂ (*Locución adverbial*)

Ⓢ Se utiliza cuando el resultado de algo es igual que nuestro deseo.
期待どおりに

Ⓔ El examen me salió **a pedir de boca** y obtuve 100 puntos a pesar de que pensaba suspender.
落ちるかと思っていたテストで、望外にも100点を取ってしまった。

El trabajo fue **a pedir de boca** y mi jefe me felicitó.
期待通りの仕事をして、チーフが感心してくれた。

A posta

❖ *Locución adverbial*

Ⓢ Con intención; con premeditación; a propósito.
意図的に、計画的に

Ⓔ José siempre llega tarde. Creo que lo hace **a posta** para molestarme.
ホセがいつも決まって遅れてくるのは、私をじらすため、わざとやってるんだと思うの。

Te he dicho eso **a posta** para ver cómo reaccionabas; ahora veo que no tienes sentido del humor.
反応を見たくてあえて言ったんだけど、これで君にはユーモアのセンスがないことがわかったよ。

A quemarropa

❖ *Locución adverbial*

Ⓢ Demasiado directo o sincero.
単刀直入に、ずけずけと

Ⓔ No puedes decirle a la gente lo que piensas así, **a quemarropa**, si no quieres que se asusten.
ひんしゅくを買いたくなかったら、あけすけに意見を言うべきじゃない。

La verdad es que no le contesté porque me preguntó **a quemarropa** y eso me molestó.
本音を言うと、質問に答えてあげなかったのは、あまりにもストレートな訊き方に気分が悪くなったからよ。

A rajatabla

❖ *Locución adverbial*

Ⓢ Con rigor; de acuerdo a las normas; sin flexibilidad; estrictamente.
厳格に、規則通り

Ⓔ Debes seguir las indicaciones del médico **a rajatabla** si quieres recuperarte pronto.
早く良くなりたいんだったら、お医者さんの指示にはきちんと従わなくちゃね。

José siempre cumple su horario de trabajo **a rajatabla**.
ホセはいつも勤務時間を厳守する。

A regañadientes
⁘ (Locución adverbial)

Ⓢ Hacer algo obligado; sin ganas ni voluntad.
いやいやながら、しぶしぶ

Ⓔ Luis vino a la fiesta **a regañadientes** y, en cuanto pudo, se fue.
ルイスはしぶしぶパーティにやって来たが、脱出のチャンスを見つけるとすぐに抜け出した。

Luis terminó el trabajo **a regañadientes** y se marchó.
ルイスはしぶしぶ仕事を片付け、帰って行った。

A renglón seguido
⁘ (Locución adverbial)

Ⓢ A continuación; seguidamente; inmediatamente después.
すぐさま、引き続いて

Ⓔ Dijo que quería carne y **a renglón seguido** pidió pescado.
肉料理がいいと言った先から、魚料理を頼むとは。

Leeremos el texto y **a renglón seguido** haremos los ejercicios.
テキストを読んだら、引き続いて練習問題をやりましょう。

A secas
⁘ (Locución adverbial)

Ⓢ Sin acompañamiento; sin nada más. Sin más explicaciones o calificaciones.
それだけで；ただ単に

Ⓔ No le pongas jamón en el bocadillo porque al niño le gusta comer el pan **a secas**.
サンドイッチにはハムをはさまないでくれ。この子は、パンはそのまま食べるのが好きなんだ。

María es guapa **a secas**; no es ni simpática, ni amable ni inteligente. Sólo guapa.
マリアは美しいだけが取り柄だ。明るくも、優しくも、優秀なわけでもなく、単に美人というだけ。

A todas luces
✥ ⟨ Locución adverbial ⟩

Ⓢ Según la opinión general; desde todos los puntos de vista.
どこから見ても、明らかに

Ⓔ Es **a todas luces** injusto que hayas suspendido después de haber estudiado tanto.
おまえほど勉強したやつが不可だったなんて、誰が見てもおかしいでしょ。

A todas luces no debería haber llegado tarde pero no pude evitarlo.
遅刻すべきじゃなかったのは明らかだけど、仕方なかったんだ。

A tontas y a locas
✥ ⟨ Locución adverbial ⟩

Ⓢ Sin pensar; sin reflexionar.
無計画に、でたらめに

Ⓔ No se puede trabajar **a tontas y a locas**, hay que tener un plan.
仕事は行き当たりばったりにはできんぞ、計画を立てんとな。

Tendrás problemas si continúas hablando **a tontas y a locas**.
そんなでたらめばかり言ってると、そのうちトラブルになるよ。

A toro pasado
✥ ⟨ Locución adverbial ⟩

Ⓢ Después de que ha pasado lo que tenía que suceder.
今さら、終わってみれば

Ⓔ Sí ¡claro! **A toro pasado** el examen parece muy fácil de preparar.
そりゃねえ、対策しやすそうなテストだったとか、今さらだけど。

Ahora, **a toro pasado**, veo que no te tenía que haber molestado tanto.
今となってはもう遅いけど、あんなに邪魔するべきじゃなかったわ。

A trancas y barrancas

❖ *Locución adverbial*

Ⓢ Hacer algo con dificultad, de forma penosa, con muchos inconvenientes o dificultades.
苦労して、悪戦苦闘して

Ⓔ Se me ha roto el ordenador y he terminado el trabajo **a trancas y barrancas**.
コンピュータがいかれてしまい、悪戦苦闘しながら仕事を終えた。

Llegó a casa **a trancas y barrancas** porque el camino estaba completamente cubierto de nieve.
道が完全に雪に覆われていて、やっとの思いで家に着いた。

A voz en grito (☞ a grito pelado p.4)

❖ *Locución adverbial*

Ⓢ Con la voz muy alta; gritando.
声高に、叫ぶように

Ⓔ Nos dijo a todos **a voz en grito** que había aprobado el examen.
彼は試験に受かったことを、大声で公言した。

Se pusieron a discutir **a voz en grito** en el restaurante y el camarero les pidió que se fueran.
レストランで声を張り上げて議論したもんだから、ウェイターに出て行くよう言われた。

Abrir de par en par

❖ *Locución verbal*

Ⓢ Abrir algo completamente.
全開にする、開け広げる

Ⓔ Cuando se enteró de la noticia, salió corriendo de casa y dejó la puerta **abierta de par en par**.
その知らせを受けると、ドアを開けっ放したまま飛び出して行った。

Pensaba que el niño estaba dormido pero **abrió** los ojos **de par en par** y se puso a llorar.
眠っているものだと思っていたけど、あの子、目を見開いて泣き出したわ。

Acabar como el rosario de la aurora
❖ ⌈ Locución verbal ⌉

Ⓢ Finalizar una reunión con discusiones o de forma tumultuosa.
騒がしく終わる、喧嘩しながら終わる

Ⓔ No se pusieron de acuerdo y la reunión **acabó como el rosario de la aurora**.
意見が一致せず、会議は混乱のうちに終わった。

La fiesta **acabó como el rosario de la aurora** porque todos estaban cansados y acabaron discutiendo por tonterías.
みんな疲れていて、くだらない口論をしながら、パーティが終わった。

Agachar las orejas
❖ ⌈ Locución verbal ⌉

Ⓢ Reconocer el error y aceptar la opinión de quien tiene la razón o el poder.
間違いを認める、屈する

Ⓔ María defendió un proyecto equivocado y al final tuvo que **agachar las orejas** y reconocer que había cometido varios errores de cálculo.
マリアは間違いだらけの計画を主張したものの、結局は折れて、いくつもの計算ミスがあったことを認めなければならなかった。

Creo que el alumno tenía razón pero **agachó las orejas** ante la opinión del profesor.
その生徒が正しかったと思うんだけど、先生の意見に折れてしまった。

Agarrarse a un clavo ardiendo
❖ ⌈ Locución verbal ⌉

Ⓢ Cualquier argumento, por débil que sea, parece bueno en una situación muy difícil.
藁にもすがる

Ⓔ Los problemas en la empresa son tan graves que sus directivos **se agarran a un clavo ardiendo** y aceptan cualquier proyecto.
会社がかかえている問題は非常に深刻なので、幹部は藁にもすがる思いでどんな案でも受け入れる。

Es inútil que intentes explicarle a Luis el problema. Él **se agarra a un clavo ardiendo** y entiende sólo lo que más le conviene.
ルイスに問題を説明しようとしても無駄だよ。自分に都合の良い幻想にすがっているから。

Ahogarse en un vaso de agua
❖ (*Locución adverbial*)

Ⓢ No saber reaccionar ante una situación corriente.
（些細なことで）まごつく、くよくよする

Ⓔ No le pidas a José que reserve las entradas, ya sabes que **se ahoga en un vaso de agua**.
ホセに入場券の予約をさせるのはやめとけって。簡単なことにもまごつくのは知ってるだろ。

No es que **me ahogue en un vaso de agua**, lo que pasa es que tengo demasiado trabajo y no puedo con todo.
何もなかったらくよくよしないさ。仕事がありすぎて、僕の手には負えないんだよ。

Ajustar las cuentas
❖ (*Locución verbal*)

Ⓢ Decirle a otra persona claramente lo que ha hecho mal. Aclarar una situación poniendo las cosas en su sitio.
けりをつける、がつんと言う

Ⓔ Mi padre quiere **ajustarme las cuentas** porque he suspendido los exámenes.
うちの親は、僕がテストで赤点をもらったことを懲らしめたいみたい。

Tengo que **ajustarle las cuentas** a José. Me dijo que el trabajo estaría terminado el jueves pasado y todavía no lo ha hecho.
ホセにはがつんと言ってやらないと。先週の木曜日までには作業が終わるはずだと言ったのに、まだやってないなんて。

Al fin y al cabo
❖ (*Locución adverbial*)

Ⓢ Aceptación o resignación ante un hecho sobre el que no cabe discusión.
結局のところ、どうせ

Ⓔ ¡Qué calor! Bueno, **al fin y al cabo** estamos en agosto.
なんて暑さだ！まあ、何と言っても8月だからな。

No me gusta tu novia pero **al fin y al cabo** yo no me voy a casar con ella.
おまえのガールフレンドは虫が好かんが、どうせ、俺が彼女と結婚するわけじゃないしな。

Al pan, pan y al vino, vino

✳ (*expresion coloquial*)

Ⓢ Decir las cosas claramente. Hablar claro y directamente.
歯に衣着せぬ

Ⓔ Me gusta llamar **al pan, pan y al vino, vino**, y te digo que eso que has hecho ha sido una grosería.
オレははっきりとものを言う主義なんだが、おまえのやったことは野暮だったぞ。

Al pan, pan y al vino, vino, así que dime la verdad. De todas las formas me voy a enterar.
はっきりと本当のことを言えよ。どのみちわかるんだから。

Al pie de la letra

✥ (*Locución adverbial*)

Ⓢ Hacer o creer algo siguiendo exactamente las instrucciones o palabras de otra persona.
言葉通りに、忠実に

Ⓔ Seguí **al pie de la letra** tu consejo y el viaje salió a pedir de boca.
(☞ p.8)
君のアドバイス通りにしたら、最高の旅になったよ。

María creyó **al pie de la letra** lo que le dije y pensó que nos iríamos de vacaciones.
マリアったら、私たちが休暇に出ると言ったのを、言葉通り信じたみたい。

Al rojo vivo

✸ (*Locución adjetiva*)

Ⓢ Cuando algo está en el momento más delicado o importante.
白熱した、正念場

Ⓔ La reunión estaba **al rojo vivo** cuando nos dieron la noticia.
その知らせを受けたとき、ミーティングは白熱していた。

Esta discusión está poniendo nuestra amistad **al rojo vivo**.
この言い合いで俺たちの友情が危うくなってるよな。

Al tuntún

❖ (*Locución adverbial*)

Ⓢ Sin pensar; sin reflexionar.
不用意に、何も考えず

Ⓔ Sale a pasear **al tuntún** y algún día se perderá o tendrá un accidente.
不用意に出歩くと、いつか迷子になるか事故に遭うよ。

José siempre tiene suerte: No ha estudiado, ha respondido **al tuntún** en el examen y ha aprobado.
ホセはラッキーだなあ。勉強もしないで、試験で適当に答えを書いたら、単位が取れたなんて。

A verlas venir

❖ (*Locución verbal*)

Ⓢ Quedarse sin lo que se esperaba recibir o conseguir.
期待が外れる

Ⓔ Esperaba que aceptara mi invitación pero me quedé **a verlas venir**.
僕の招待に応じてくれると期待していたんだけど、ダメだった。

Pensé recibir el premio pero me quedé **a verlas venir** y me tuve que conformar con el premio de consolación.
賞をもらうつもりでいたのに、期待が外れて、残念賞に甘んじなければいけなかった。

Ancha es Castilla

❖ (*expresion coloquial*)

Ⓢ Se utiliza cuando alguien se toma demasiada libertad. Sin límites o fronteras.
思う存分好き勝手に振る舞うこと

Ⓔ José se piensa que **ancha es Castilla** y ni trabaja ni estudia.
ホセは好き勝手なことばかりやって、仕事も勉強もしない。

No puedes hacer lo que te dé la gana ¿Te crees que **ancha es Castilla**? A partir de ahora tendrás que respetar las normas.
そんな勝手が許されると思ってるのか？今後は世の中のルールに従うんだな。

Andar(se) con ojo

❖ ⌈ *Locución verbal* ⌉

Ⓢ Tener mucho cuidado; actuar con precaución.
用心する、注意深く行動する

Ⓔ **Ándate con ojo** no vayas a suspender.
気を引き締めていけば、落第することはないさ。

Debes **andar con ojo** cuando vayas por esta zona de noche porque es un lugar propicio para los asaltos.
強盗にとって格好の場所なので、この地区を夜間に出歩く場合は用心しなければならない。

Andar con pies de plomo

❖ ⌈ *Locución verbal* ⌉

Ⓢ Actuar despacio, con cuidado y precaución.
慎重に行動する

Ⓔ Hay que **andar con pies de plomo** por esta carretera porque es peligrosa.
この道は危険だから、慎重に運転しなくちゃいけない。

Si sales de noche por algunas zonas de Madrid, debes **andarte con pies de plomo**.
マドリッドで、ある地域を夜歩きする場合は、用心しないとな。

Andar de cabeza

❖ ⌈ *Locución verbal* ⌉

Ⓢ Tener problemas. Actuar de manera acelerada o con urgencia.
てんてこ舞いする

Ⓔ Mañana vienen a visitarnos mis suegros y yo **ando de cabeza** preparándolo todo para recibirlos.
明日はお義父さんたちが来るから、もてなす準備でてんてこ舞いだわ。

José **anda de cabeza** desde que su mujer enfermó.
奥さんが病気になってから、ホセはばたばたしている。

Andarse por las ramas
❖ (Locución verbal)

Ⓢ No hablar claramente. Divagar. Dar rodeos en la conversación.
話をそらす、話が脱線する

Ⓔ No **te andes por las ramas** y dime qué te parece mi trabajo.
まわりくどい言い方しないで、私の作品の感想を聞かせて。

Hablar contigo es muy difícil; siempre **te andas por las ramas** y nunca sé a dónde quieres llegar.
君と話すのは本当に難しいな。いつも話がそれて、何が言いたいのかまったくわかりやしない。

Armar jaleo
✻ (expresion coloquial)

Ⓢ Revuelo, alboroto.
騒ぎ立てる

Ⓔ Estos niños, cuando se ponen a jugar, **arman** tal **jaleo** que no hay quien lo aguante.
この子たちったら、遊びだすと大騒ぎで、我慢できるもんじゃないんだから。

Después del accidente se **armó** un gran **jaleo** con las sirenas de las ambulancias y de los bomberos.
事故後は救急車や消防車のサイレンで騒々しかった。

Armarse la de San Quintín / la marimorena / un zipizape
❖ (Locución verbal)

Ⓢ Empezar una disputa, riña, pelea o escándalo.
大騒ぎになる、もめごとが起きる

Ⓔ Todos habían bebido mucho y **se armó la de San Quintín** por una tontería.
全員が大量に飲んでいて、くだらないことで争い始めた。

Se tomaron al pie de la letra lo que dije y **se armó la marimorena**.
僕のコメントを文字通りに受け取られて、喧嘩になってしまった。

Arrimar el hombro
❖ [*Locución verbal*]

Ⓢ Ayudar o colaborar en el trabajo de otra persona.
肩を貸す、協力する

Ⓔ Mi amigo está haciendo la mudanza y voy a **arrimar el hombro**.
友達が引っ越しをしているから、僕は手伝ってくるよ。

Les he pedido a unos amigos que **arrimen el hombro** y me corrijan los errores de este trabajo.
何人かの友人に、レポートの添削をして助けてくれないか、と頼んだ。

Atar cabos
❖ [*Locución verbal*]

Ⓢ Relacionar pistas o ideas que se presentan aisladas para llegar a una conclusión.
手がかりや情報を結び合わせて推測する

Ⓔ José, **atando cabos**, se dio cuenta de que sus compañeros le preparaban una sorpresa para su fiesta de cumpleaños.
ホセはあれこれ考えて、友達が誕生日パーティにサプライズを用意していることを察した。

La policía **ató cabos** y descubrió al culpable.
警察はいくつもの情報を元に、犯人を割り出した。

B

Bailar al son que le tocan
❖ *Locución verbal*

Ⓢ Se usa cuando una persona no es independiente sino que actúa siguiendo los criterios de otra persona.
他人の意見などに従う

Ⓔ Nuestro problema es que ninguno de los dos está dispuesto a **bailar al son que el** otro **toca**.
私たちの問題は、どちらも相手に同調しようとしないことだ。

José siempre pretende que **bailemos** todos **al son que él toca** y cuando no hacemos lo que quiere, se enfada.
ホセはいつだって僕らを意のままにしようとし、思い通りにならないと腹を立てる。

Bailar con la más fea
❖ *Locución verbal*

Ⓢ Hacer el trabajo más molesto y que nadie quiere hacer.
貧乏くじを引く、損な役回りにまわされる

Ⓔ Después de la fiesta me tocó **bailar con la más fea** y tuve que limpiar toda la casa.
パーティの後、貧乏くじを引いて、家をすっかり片づけなければいけなかった。

María siempre se queja de que Manuel se va a divertir con sus amigos y a ella siempre le toca **bailar con la más fea** y quedarse en casa cuidando de los niños.
マニュエルが友人と遊びに出かける一方、マリアはいつも家で子守役だと事ある毎に嘆いている。

Bajo cuerda

Locución adverbial

(S) A escondidas. De forma oculta o ilegal. Furtivamente.
こそこそと、袖の下を使って

(E) Cuando aquello hizo las cosas **bajo cuerda** y cuando se descubrió tuvo que pedirle disculpas a todos.
いつだかは裏でこそこそとやって、それがばれたとき、みんなに謝らなければいけなくなった。

Parece que esta empresa ha contratado a varias personas **bajo cuerda** y ahora la policía está investigando.
その会社は裏で違法な雇用契約をしてたみたいで、今、警察が調査中なんだって。

Barrer para casa

Locución verbal

(S) Favorecer a los amigos o personas con las que se tiene algún tipo de relación. Buscar el beneficio propio.
自分自身や身内などの利益を図る

(E) José no puede ser el árbitro del partido. Ya sabéis que siempre **barre para casa** y beneficia al equipo de su hijo.
ホセに審判をやらせちゃダメだ。息子のチームよりの判定ばかりするのは知ってるだろう？

El director de la compañía **barrió para casa** y contrató a su sobrino en lugar del otro aspirante que estaba más cualificado.
社長は、より有能な応募者を落として、自分の甥を採用した。

Blanco y en caja…, leche

expresion coloquial

(S) Se dice cuando algo es muy obvio o evidente.
自明の理

(E) ¡Ves! **Blanco y en caja…, leche**. Sabía que iba a llover en cuanto vi esos nubarrones.
ほら見ろ。あの雷雲を見たとき、雨が降るのは、火を見るより明らかだったのさ。

Si compraron dos maletas es porque pensaban viajar. **Blanco y en caja…, leche**.
スーツケースを2つ買ったのは、旅行に行くためだろ。自明じゃないか。

Borrón y cuenta nueva
❖ (*expresion coloquial*)

Ⓢ Olvidar los errores del pasado y empezar de nuevo.
水に流す、心機一転する

Ⓔ El mes pasado he cometido muchos errores contigo pero espero que hagas **borrón y cuenta nueva** y que me perdones.
先月は色々と君に悪いことしたけど、水に流して許してもらえないかな。

Después de todo lo que te dije ¿crees que podrás hacer **borrón y cuenta nueva** y empezar otra vez nuestra amistad?
あれこれひどいこと言っておいて何だけど、それは忘れてまた友達をやり直せないかなあ。

Buscarle tres pies al gato
❖ (*Locución verbal*)

Ⓢ Explicar o justificar algo con argumentos absurdos.
ことさら難しく考える

Ⓔ No **le busques tres pies al gato:** si se han casado es porque se quieren.
そんな深読みしなくても、愛し合っていたから結婚したに決まっているだろ。

Manuel no hace más que **buscarle tres pies al gato** al asunto de su despido. No quiere aceptar que no hacía bien su trabajo.
マニュエルってば、解雇されたことについてあれこれ考えてばかりなの。仕事をうまくこなせてなかったという事実を受け入れたくないのね。

C

Cada dos por tres
Locución adverbial

Ⓢ A menudo.
頻繁に、三日にあげず

Ⓔ Cuando María vivía en Madrid iba **cada dos por tres** a visitar a sus abuelos.
マリアがマドリードに住んでいた頃は、ちょくちょく田舎に遊びに行ったものだ。

Miguel falta a clase **cada dos por tres** y el profesor ya le ha reprendido varias veces.
ミゲルはちょいちょい授業をサボって、先生にはもう何度も叱られている。

Caer en la cuenta
Locución verbal

Ⓢ Notar o recordar algo que había pasado inadvertido.
（後になって）気づく、思い出す

Ⓔ Ahora **caigo en la cuenta** de que el día de tu boda yo estaré fuera por trabajo, así que no podré asistir.
今頃思い出したんだけど、結婚式当日は仕事で出かけてるから、出席できないわ。

José ha **caído en la cuenta** de que no podrá venir a comer con nosotros porque ese día tiene una cita en el dentista.
ホセは歯医者の予約があったのを思い出して、食事に来られなくなったんだって。

Caer gordo *a alguien*
❖ ⟨ Locución verbal ⟩

Ⓢ Resultar antipático a otra persona.
（人の）反感を買う、気に食わない

Ⓔ Creo que le **caigo gordo** a tus padres porque cuando vengo a visitarte son muy fríos conmigo.
お前の親には嫌われてると思うんだ。お前んちに行くとかなり冷たくされるし。

Ese actor me **cae gordo** porque cuando concede entrevistas siempre dice tonterías.
あの俳優はインタビューのときにバカなことばかり言って、気に食わない。

Caer por su propio peso
❖ ⟨ Locución verbal ⟩

Ⓢ Ser evidente.
明白である

Ⓔ **Cae por su propio peso** que eso que dices es una incongruencia, así que no intentes convencernos.
あんたの言ってることはおかしいって明白なんだから、言い包めようとしないでよ。

El gran trabajo que ha hecho **caerá por su propio peso** y todos reconocerán su talento.
彼が偉業を達成したのは明らかであり、誰もがその才能を認めた。

Caerse de un guindo
❖ ⟨ Locución verbal ⟩

Ⓢ Creer lo que otra persona cuenta.
無邪気である、お人好しである

Ⓔ ¿Te crees que **me he caído de un guindo**? Dime ahora mismo la verdad si no quieres que me enfade contigo.
俺がそんなお人好しだとでも思ったか？今すぐに本当のことを言えば、怒らないでやるよ。

Parece que Luis **se ha caído de un guindo** porque siempre se cree lo que le dice Matilde.
ルイスはおめでたいやつだよなあ。毎度毎度マティルデの言うことを信じちゃって。

Caérsele *a alguien* el alma a los pies
❖ ⌈ *Locución verbal* ⌉

Ⓢ Sentir una profunda tristeza, decepción o malestar.
ひどく落胆する、失望する

Ⓔ Cuando vimos los resultados de los exámenes **se nos cayó** a todos **el alma a los pies**.
試験結果を見ると、みんなしょげかえった。

Se me cayó el alma a los pies cuando me dijeron no habían aceptado mi solicitud de empleo.
不採用を告げられて、肩を落とした。

Caérsele *a alguien* el pelo
❖ ⌈ *Locución verbal* ⌉

Ⓢ Recibir un castigo después de haber hecho algo mal.
（悪さがばれて）叱られる

Ⓔ Luisito no fue a la escuela y cuando su padre se enteró **se le cayó el pelo**.
ルイスくんはずる休みがお父さんにばれて叱られちゃった。

Se te va a caer el pelo cuando se enteren de que fuiste tú el que contó la mentira.
嘘をついていたのはおまえだってことがばれたら、みんなからこってり絞られるぞ。

Caérsele *a alguien* la baba
❖ ⌈ *Locución verbal* ⌉

Ⓢ Cuando una persona siente admiración excesiva por algo o por alguien.
うっとりする、溺愛する

Ⓔ A los abuelitos de Julia **se les cae la baba** con su nieta y siempre le están comprando juguetes.
フリアのおじいちゃんとおばあちゃんは孫が可愛くてたまらないらしく、すぐおもちゃを買ってあげる。

Todos se han dado cuenta de que estás enamorado de Ana porque, siempre que la ves, **se te cae la baba**.
いつもアナのことを見る目がうっとりしてるから、惚れてるってことはバレバレだよ。

Caérsele *a alguien* la cara de vergüenza
❖ (*Locución verbal*)

Ⓢ Sentir muchísima vergüenza.
　恥入る

Ⓔ **Se les cayó la cara de vergüenza** cuando se enteraron de que su hijo era el que había provocado todo el incidente.
　騒動の張本人が息子だったと知って、両親はとても肩身が狭い思いをした。

No sé cómo no **se le cae la cara de vergüenza** después de que nos mintiera de forma tan descarada.
　そんな露骨な嘘をついて、なんで恥ずかしくないのか理解できない。

Cambiar de chaqueta
❖ (*Locución verbal*)

Ⓢ Actuar de forma diferente o contradictoria a la habitual.
　主義主張を変える、鞍替えする

Ⓔ Jamás votaré por este político porque ya va **cambiando de chaqueta** varias veces.
　もう絶対にこの政治家には投票してやんない。今までに何回鞍替えしてるんだか。

No te fíes de Juan. **Cambia de chaqueta** cada diez minutos.
　ホアンを信用しちゃだめだよ。ころころ立場を変えるんだから。

Cantar de plano
❖ (*Locución verbal*)

Ⓢ Contar toda la verdad sobre un asunto que se había pretendido ocultar.
　洗いざらい白状する

Ⓔ No pensaba que nos fuera a decir la verdad pero al final **cantó de plano** y nos contó todo lo sucedido.
　本当のことをしゃべるとは思っていなかったけど、ついには口を割って、起こったことをすべて話してくれた。

No le dijo nada a la policía pero luego, delante del juez, **cantó de plano**.
　警察には黙秘を続けたが、後に裁判官の前で洗いざらい白状した。

Cantarle *a alguien* las cuarenta
(☞ ajustar las cuentas p.14)

❖ *Locución verbal*

Ⓢ Regañar y decirle a otra persona las cosas que ha hecho mal.
はっきりと文句を言う

Ⓔ Tuvieron que **cantarle las cuarenta** a la secretaria porque no escuchaba y hacía lo que le daba la gana en el trabajo.
誰の言うことも聞かず、仕事で好きなようにやっていた秘書には、面と向かって苦情を言う必要があった。

Te **cantaré las cuarenta** como vuelvas a contar mentiras.
今度また嘘をついたら、もう見逃さないからな。

Cargar con el mochuelo

❖ *Locución verbal*

Ⓢ Cuando alguien se responsabiliza de una culpa o asume una responsabilidad que no le corresponde.
面倒事を背負い込む、(誰も取りたがらない) 責任を負わされる

Ⓔ Perdieron el tren por culpa de José, que siempre llega tarde, pero al final el que **cargó con el mochuelo** fue Manuel.
遅刻常習犯のホセのせいで電車を逃したのに、結局嫌な役目を負ったのはマニュエルだった。

Yo no voy a **cargar con el mochuelo** esta vez. Debes responsabilizarte tú de tus errores.
今回はもうおまえの尻拭いはしないぞ。自分の失敗は自分で後始末しろよ。

Cargar con el muerto

❖ *Locución verbal*

Ⓢ Es similar a cargar con el mochuelo. Pagar por la culpa de otro.
他人の責任を負わされる

Ⓔ El hijo de José rompió el cristal de la tienda con el balón y ahora José debe **cargar con el muerto** y pagar la reparación.
息子が店のガラスをボールで割ってしまい、ホセが責任を取らなければならなかった。

Mi hermano ha roto el ordenador pero me ha echado a mí la culpa y he tenido yo que **cargar con el muerto**.
弟がコンピュータを壊したのに、僕のせいにされて、責任を負うはめになった。

Casarse de penalti
❖ (Locución verbal)

Ⓢ Casarse cuando la novia está embarazada. Se da a entender que el motivo de la boda es la presión social o familiar más que el amor.
妊娠してしまったために（世間体を気にして）結婚する

Ⓔ Es normal que hayan terminado divorciándose. No estaban enamorados; **se casaron de penalti**.
離婚に終わって当たり前だ。愛し合っていたというより、妊娠してやむを得ず結婚したんだから。

María no quiso **casarse de penalti** y ha tenido a su hijo ella sola.
マリアはできちゃった結婚をしたくなかったので、シングルマザーになった。

Cerrar a cal y canto
❖ (Locución verbal)

Ⓢ Cerrar algo completamente de forma que no se pueda entra ni salir.
ぴったりと閉まる

Ⓔ ¡Oye, tú, cacho bocazas! ¿no decías que ibas a tener la boca **cerrada a cal y canto**?
おい、そこのおしゃべり野郎！お口にしっかりチャックしとくんじゃなかったのか？

Ayer tuve que llamar al cerrajero porque la puerta de casa se quedó **cerrada a cal y canto**.
昨日、家のドアが開かなくなって、鍵屋を呼ぶはめになった。

Cerrar filas en torno *a alguien*
❖ (Locución verbal)

Ⓢ Proteger, defender o alinearse con otra persona.
肩を持つ、（誰かのために）一致団結する

Ⓔ Todos los jugadores del equipo **cerraron filas en torno** al entrenador cuando supieron que la dirección del club querían despedirlo.
クラブチームの経営陣が監督を更迭しようとしていることを知ると、メンバー全員が団結して監督を擁護した。

Pensaba que contaba con el apoyo de sus compañeros, pero al final nadie quiso **cerrar filas en torno** a él por miedo a las represalias.
仲間の支持を得られると思っていたようだけど、結局、仕返しが怖くて誰も彼の肩を持ちたがらなかった。

Cerrarse en banda

❖ (Locución verbal)

Ⓢ Mantener obstinadamente una opinión o en una actitud en contra de la opinión mayoritaria.
一歩も譲らない、自分の考えに固執する

Ⓔ Pedro **se cerró en banda** y no pudimos convencerle para que viniera con nosotros.
一緒に行こうと説得したのに、ペドロは頑なに拒み続けた。

Por favor, no **te cierres en banda** y escucha lo que te dice tu familia.
なあ、強情を張らないで、家族の人の言うことを聞きなよ。

Chuparse el dedo

❖ (Locución verbal)

Ⓢ Ser o parecer tonto.
うぶでバカである；そのふりをする

Ⓔ ¡Oye, que no **me chupo el dedo**! Eso que dices no es así.
僕はそんなにうぶじゃないぞ！そんなの嘘っぽいだ。

Julián parece que **se chupa el dedo**. Nunca se entera de lo que pasa alrededor de él.
フリアンはバカなんじゃないのか。自分の周りで何が起こっているのか全然気づいてない。

Clamar al cielo

❖ (Locución verbal)

Ⓢ Se utiliza para expresar que algo es injusto, que merece algún tipo de condena o reprobación.
不当を訴える、非難に値する

Ⓔ La verdad es que **clama al cielo** que nos hayan cobrado tanto en este restaurante por una comida tan mala.
あんなまずい料理に、こんなに取るなんて、まったく、このレストランは暴利をむさぼりすぎだ！

José **clamaba al cielo** cuando vio que había suspendido pero en mi opinión no merecía aprobar.
ホセは単位がもらえないのは不当だと訴えていたけど、当然の報いだと思う。

Codo con codo
❖ ⟨ *Locución adverbial* ⟩

Ⓢ Estar juntos. Colaborar estrechamente varias personas.
手を組んで、力を合わせて

Ⓔ No me apetece nada tener que trabajar **codo con codo** con Antonio porque intenta imponer sus ideas.
アントニオと組んで仕事をするなんて絶対に嫌だ。やつは自分の考えを押し付けようとするから。

A pesar de que han trabajado varios meses **codo con codo** no tienen una buena relación.
もう何か月も一緒に働いてきたのに、仲がよろしくない。

Coger el portante
❖ ⟨ *Locución verbal* ⟩

Ⓢ Marcharse de algún lugar rápida y ostensiblemente.
慌ただしく立ち去る

Ⓔ Mira, si no te gusta como hago las cosas puedes **coger el portante** de una vez por todas.
なあ、もし私のやり方が気に入らないのなら、さっさと立ち去ってもいいんだぞ。

De repente, se levantó y **cogió el portante**. Tal vez le molestó algo de lo que dijimos.
突然、彼は立ち上がってそそくさと出て行ってしまった。何か気に障るようなことでも言ったのだろうか。

Coger el toro por los cuernos
❖ ⟨ *Locución verbal* ⟩

Ⓢ Enfrentarse a una situación difícil de forma decidida y valiente.
(困難な状況に) 果敢に立ち向かう

Ⓔ No puedes seguir esperando a que el tiempo solucione las cosas. Debes **coger el toro por los cuernos** y solucionar el problema tú mismo.
時が解決してくれるのを待ち続けるわけにはいかないでしょ。自分から問題に向かっていって解決しないと。

No puedo **coger el toro por los cuernos**. Me da miedo enfrentarme a esta situación tan complicada.
踏ん切りがつかないよ。こんな難しい状況に立ち向かうのは、怖い。

Coger un rebote

❖ (*Locución verbal*)

Ⓢ Enfadarse.
腹を立てる

Ⓔ Como nadie quería ir al cine con ella, se **cogió un rebote** tremendo y se fue a casa sin despedirse.
誰も一緒に映画を観に行きたがらなかったからって、あの女、ぷんぷん怒ってさようならも言わずに帰りやがった。

Cristina tiene mal carácter. Se **coge rebotes** por cualquier cosa.
クリスティーナは癇癪持ちね。あらゆることに腹を立てるもの。

Coger una mona

❖ (*Locución verbal*)

Ⓢ Emborracharse.
酔っぱらう

Ⓔ Fuimos a celebrar un cumpleaños y bebimos demasiado. Juan se **cogió una mona** terrible y tuvimos que llevarlo a su casa.
誕生日を祝いに行って、みんな飲み過ぎた。ホアンはぐでんぐでんに酔っぱらって、家まで送ってやらねばならなかった。

No entiendo que le pasa a Antonio. No bebe nunca pero hoy se está **cogiendo una** buena **mona**.
一体アントニオに何があったんだ。いつも飲まないのに、今日は酔っぱらってやがる。

Cogerlas al vuelo

❖ (*Locución verbal*)

Ⓢ Ser muy perspicaz. Darse cuenta de todo.
すばやく見てとる、飲み込みが早い

Ⓔ Me costó **cogerlas al vuelo** porque la conversación no era en mi idioma.
会話が外国語で行われていて、理解するのに骨が折れた。

Es inútil que intentes disimular ahora porque el niño **la ha cogido al vuelo**.
もう隠そうとしても無駄だ、この子はちゃんと気づいているから。

Comer como una lima
❖ ⟮ *Locución verbal* ⟯

Ⓢ Tener gran voracidad; comer mucho.
大食いである、たくさん食べる

Ⓔ José **come como una lima**. Es increíble que esté tan delgado.
ホセは大食漢だ。あんなに痩せているのが信じられない。

Hubiese querido **comer como una lima** pero no me gustaba el menú y se me quitó el apetito.
たくさん食べるつもりだったけど、料理が口に合わなくて、食欲がそがれた。

Comerse *a alguien* con los ojos
❖ ⟮ *Locución verbal* ⟯

Ⓢ Mirar a una persona fijamente, con mucho interés y lujuria.
惚れ惚れと眺める、じっと見つめる

Ⓔ ¿Conoces a ese chico que **te está comiendo con los ojos**?
彼、あなたのことをじっと見つめてるけど、知り合いなの？

Si **te** sigues **comiendo** a Luisa **con los ojos** se dará cuenta de que estás enamorado de ella.
そうやって惚れ惚れと見つめていたら、ルイサだっておまえの気持ちに気づくぞ。

Comerse la cabeza
❖ ⟮ *Locución verbal* ⟯

Ⓢ Preocuparse en exceso. Pensar mucho antes de tomar una decisión.
頭を抱える、必要以上に心配する

Ⓔ Guillermo **se come la cabeza** por cualquier cosa y siempre anda dándole vueltas a todo.
ギジェルモは、何でもないことでも心配になり、ああでもないこうでもないと考えてばかりいる。

No **te comas** más **la cabeza** por lo que te dijo José. Seguro que no tiene la importancia que tú le estás dando.
ホセの言葉ごときで悩むなよ。絶対、おまえが思ってるほどの意味はないさ。

Comerse un marrón (☞ cargar con el muerto p.27)

❖ ⌈ *Locución verbal* ⌉

Ⓢ Verse enredado en una situación comprometida. Cargar injustamente con las culpas de otra persona.
他人の責任を不当に負わされる

Ⓔ ¿Queréis dejar de hacer el payaso en la clase? Va a venir el profesor y **nos vamos a comer** todos **un marrón** por vuestra culpa.
教室でふざけるのはやめてくれないか？今、先生が来たら、君たちのせいで、みんながとばっちりを食うじゃないか。

No quiero **comerme un marrón** por tu culpa, así que cuando estés conmigo, por favor, compórtate como Dios manda. (☞ p.34)
あんたの尻拭いなんてごめんだよ。だから、あたしといるときは、ちゃんといい子にしてなよ？

Como agua de mayo

❖ ⌈ *Locución adverbial* ⌉

Ⓢ Se usa para expresar que algo es muy deseado, esperado y ansiado. También para algo oportuno o conveniente.
待ち焦がれた；時宜を得た

Ⓔ Estuve esperando tu respuesta **como agua de mayo** pero tú te fuiste de vacaciones y te olvidaste de contestarme.
あなたの返信を首を長くして待っていたのに、旅行に行って返事を出すのを忘れてしまったのね。

He estado esperando el estreno de esta película **como agua de mayo** y después me decepcionó.
この映画の封切を首を長くして待っていたのに、期待外れだった。

Como alma que lleva el diablo

❖ ⌈ *Locución adverbial* ⌉

Ⓢ Correr rápidamente, con miedo o desesperación.
一目散に、慌てて

Ⓔ No sé que le habrá sucedido a Tomás. Le vi esta mañana y pasaba corriendo **como alma que lleva el diablo**.
トマスに何があったのか知らないけど、今朝、一目散に駆けて行くのを見たよ。

Cuando se dio cuenta de la hora que era salió corriendo **como alma que lleva el diablo**.
時間に気づくと、慌てて駆け出して行った。

Como caído del cielo
∴ ⟮ *Locución adverbial* ⟯

ⓢ Cuando sucede algo en el momento más oportuno y conveniente.
折よく、都合よく

ⓔ Has llegado **como caído del cielo**. Justo en este momento pensaba llamarte para que vinieras a ayudarme.
いいところに来てくれた。たった今、電話して手伝いに来てもらおうと思っていたんだ。

La invitación para el concierto me viene **como caída del cielo**. No tenía ningún plan para este sábado pero no me apetecía quedarme en casa.
コンサートへ招待されてちょうど良かったわ。土曜日は何も予定がなかったけど、家でじっとしているのは嫌だったから。

Como Dios manda
∴ ⟮ *Locución adverbial* ⟯

ⓢ Bien hecho. Conforme a las normas o reglas.
きちんと、然るべく

ⓔ Niño, siéntate **como Dios manda** ¿no ves que estás molestando a otras personas?
こら、ちゃんと座ってなさい。他の人に迷惑だって気づかないの?

Si haces las cosas **como Dios manda** no volverás a tener problemas.
然るべき行動を取っていれば、もう問題を起こすこともないだろうよ。

Como el perro y el gato
∴ ⟮ *Locución adverbial* ⟯

ⓢ Se utiliza para expresar que dos personas tiene una mala relación y discuten continuamente.
絶えず反目し合って、犬猿の仲

ⓔ Juan y su hermano están todo el día **como el perro y el gato** discutiendo por todo.
ホアン兄弟は、いつも口論ばかりしていがみ合っている。

No sé como María y José pueden continuar viviendo juntos si están todo el día **como el perro y el gato**.
一日中喧嘩ばかりしているマリアとホセが、どうして一緒に暮らしていけるのか不思議だ。

Como los chorros del oro
✪ (*Locución adjetiva*)

Ⓢ Para decir que algo está extremadamente limpio y brillante.
ピカピカに磨かれた、塵一つない

Ⓔ Me he pasado la tarde limpiando y he dejado la casa **como los chorros del oro**.
午後はずっと家の掃除をして、塵一つない状態にしておいた。

Rosa se pasa la vida frotando los suelos y no deja de limpiar hasta que no están **como los chorros del oro**.
ロサはいつも床磨きをしており、ピカピカになるまでやめない。

Como para parar un tren
✪ (*Locución adjetiva*)

Ⓢ Mucho; en gran cantidad. Persona muy atractiva.
とてもたくさん、人がとても魅力的な

Ⓔ Tomás está **como para parar un tren**. La verdad es que es el chico más atractivo que conozco.
トマスってめっちゃイケメンなの。正直、私の知ってる男子の中で一番魅力的。

Si quieres ayudarme te lo agradezco porque hoy tengo trabajo **como para parar un tren**.
ちょっと手伝ってくれるとありがたいんだけど。今日は仕事が山のようにあってね。

Como pez en el agua
✥ (*Locución adverbial*)

Ⓢ Sentirse cómodo y a gusto en algún sitio.
水を得た魚のように、気楽に

Ⓔ Luis se adapta muy bien a todos los ambientes y en cualquier sitio está **como pez en el agua**.
ルイスはどんな環境にもうまく順応して、いつでもどこでも生き生きとしている。

Pensé que en el nuevo puesto estaría **como pez en el agua** pero lo cierto es que todavía no me he acostumbrado y estoy algo incómodo.
新しい部署では伸び伸びとできると思っていたけど、実を言うと、まだ慣れていなくて何だか居心地が悪い。

Como piojos por costura / como sardinas en lata
❖ (*Locución adverbial*)

Ⓢ Cuando hay muchas personas en el mismo lugar, no hay suficiente espacio para todas y están apretadas.
ぎゅうぎゅう詰め

Ⓔ Detesto subir al tren en hora punta porque vamos todos **como sardinas en lata**.
ラッシュ時の電車はすし詰めで、乗るのが嫌でたまらない。

Hoy han empezado las vacaciones y la playa estaba de gente **como piojos por costura**.
今日から夏休みが始まって、ビーチは芋の子を洗うような混雑ぶりだ。

Como quien no quiere la cosa
❖ (*Locución adverbial*)

Ⓢ Hacer algo sin mostrar excesivo interés, fácilmente.
さりげなく、いつの間にか、何食わぬ顔で

Ⓔ Empezó a hablarme de su niñez y **como quien no quiere la cosa**, terminó contándome toda su vida.
子供の頃の話から始まり、他人事のように、自らの一生を語り終えた。

Salimos simplemente a dar un paseo y **como quien no quiere la cosa** al final volvimos a casa a las tantas. (☞ p.6)
ただ散歩に出かけただけなのに、気づけば、家に戻ったのは夜遅くだった。

Como quien oye llover
❖ (*expresion coloquial*)

Ⓢ No prestar atención o no hacer caso a lo que se oye.
馬耳東風と聞き流して

Ⓔ Estoy harta de que me escuches **como quien oye llover**. Si no me prestas atención será mejor que te vayas.
話を聞き流されるのはもうたくさんだ。耳を貸すつもりがないなら、出て行け！

A José le da igual lo que se le diga, nunca hace caso ¡**como quien oye llover**!
ホセにとって人の言うことなんかどうでもいいのよ。一度だって聞く耳を持たないんだから！

Como si tal cosa
❖ (Locución adverbial)

Ⓢ Sin dar importancia a algo que ha sucedido.
何事もなかったかのように、平然と

Ⓔ Todos imaginábamos que estaría muy emocionado después de recibir el homenaje, pero José estaba **como si tal cosa**.
表彰されてすごく感動するだろうと誰もが思っていたが、ホセ自身は平然としていた。

A esta niña da igual lo que le digas, ella siempre está **como si tal cosa**.
この子は何を言われようと、どこ吹く風といった様子だ。

Como tres y dos son cinco
✽ (expresion coloquial)

Ⓢ Se dice cuando algo es cierto e indiscutible.
絶対に、間違いなく

Ⓔ Aunque no te lo creas, te aseguro **como tres y dos son cinco** que mañana me caso.
信じてないようだけど、明日僕は結婚するんだ、断言するよ。

Como tres y dos son cinco que a Tomás le ha tocado la lotería.
トマスが宝くじに当選したのは紛れもない事実だ。

Como un descosido
❖ (Locución adverbial)

Ⓢ Mucho. En exceso.
たくさん

Ⓔ He pasado la tarde con Julián y me ha puesto dolor de cabeza, ya sabes que habla **como un descosido**.
午後はフリアンと過ごして、頭が痛くなっちゃった。知っての通り、ほんとおしゃべりなんだから。

Estuve estudiando **como una descosida** y al final pude aprobar todos los exámenes.
猛勉強してたんだけど、最終的にはすべての試験に合格できたよ。

Como un niño con zapatos nuevos

❖ ⌈ expresion coloquial ⌉

Ⓢ Muy contento.
とても嬉しそうに

Ⓔ Rafael está **como un niño con zapatos nuevos** desde que le dijeron que le iban a subir el sueldo.
昇給すると言われてからというもの、ラファエルはとても嬉しそうだ。

Se puso **como un niño con zapatos nuevos** cuando se enteró de que había ganado el concurso literario municipal.
市の文学賞を受賞したと知ると、彼は子供のように喜びを表した。

Como un reloj

❖ ⌈ Locución adverbial ⌉

Ⓢ Significa que está muy bien o que funciona a la perfección.
極めて正確に、快調に

Ⓔ El abuelo de Miguel tiene ya 90 años pero está **como un reloj**.
ミゲルのおじいさんはもう90歳にもなるのに、いたって健康だ。

Este coche funciona **como un reloj**. Jamás me ha dado un problema.
この車はすこぶる快調だ。今まで問題を起こしたことがない。

Como un templo / como la copa de un pino / como una casa

❖ ⌈ expresion coloquial ⌉

Ⓢ Se utiliza como aumentativo, para expresar que algo (generalmente inmaterial) es grandísimo.
（主に抽象名詞を）誇張する表現

Ⓔ Ayer estuve con José y me contó que tiene un problema **como la copa de un pino**.
昨日ホセと一緒にいたとき、彼、ものすごく大きな悩みごとを抱えてるんだと言ってきたの。

Eso que dices es una verdad **como un templo**.
君の言うことはまったくその通りだね。

Como la seda

⋅⋅ ⌈ *Locución adverbial* ⌉

Ⓢ Se utiliza para expresar que algo funciona muy bien.
  快調に、順調に

Ⓔ Mi ordenador va **como la seda**.
  私のコンピュータは快適に動作している。

José dice que su nueva empresa va **como la seda** y que da gusto trabajar allí.
ホセ曰く、新しい会社は経営も順調で、そこでの仕事が好きらしい。

Como unas castañuelas / como unas pascuas

⋅⋅ ⌈ *Locución adverbial* ⌉ estar, sentirse と共に

Ⓢ Contento, eufórico.
  満足げな、上機嫌な

Ⓔ Si no lo veo, no lo creo: desde que empezó a trabajar está **como unas pascuas**.
  信じられない。働き始めてから、彼がこんなに幸せそうだとは。

Se puso **como unas castañuelas** cuando le anunciamos tu visita.
君が来たって知らせたら、喜んでいたよ。

Compuesta y sin novio

⋅⋅ ⌈ *Locución adverbial* ⌉ quedarse と共に

Ⓢ Se emplea cuando algo no sale bien a última hora.
  せっかくの準備が直前で駄目になる、ドタキャンされる

Ⓔ Estuve esperándote toda la tarde para ir juntos al cine y al final me quedé **compuesta y sin novio**.
  一緒に映画に行こうって、ずーっとあなたのことを待ってたのに、結局放置されたのよ。

No quise salir con Juan esperando la invitación de Tomás y, al final, me quedé **compuesta y sin novio**.
トマスからの誘いをと思って、ホアンからの誘いには乗り気じゃなかったんだけど、結局、デート相手がいなくなってしまったわ。

Comulgar con ruedas de molino

❖ (*Locución verbal*)

Ⓢ Creer o aceptar cosas que son imposibles.
ありえない話を信じる、簡単にだまされる

Ⓔ No pienso aceptar eso que me dices ¿o es que tú te crees que yo **comulgo con ruedas de molino**?
貴様の言ってることは受け入れられないな。それとも、俺がそんなだまされやすいとでも思ってるのか?

Este político siempre hace promesas pensando que todos **comulgamos con ruedas de molino**.
この政治家は、国民はみなお人好しだと言わんばかりの公約をいつもしている。

Con el corazón en un puño

❖ (*Locución adverbial*)

Ⓢ Estar angustiado, preocupado, nervioso.
そわそわしながら

Ⓔ Vivo **con el corazón en un puño** hasta que terminan los exámenes.
試験が終わるまでは、そわそわと落ち着かない毎日だ。

Mi madre siempre que salimos de viaje tiene **el corazón en un puño** y no se tranquiliza hasta que no estamos todos de vuelta en casa.
お母さんは旅行中いっつもやきもきしていて、みんな家に着くまで心が休まらないの。

Con el rabo entre las piernas

❖ (*Locución adverbial*) ir, volver, marcharse, regresar, terminar と共に

Ⓢ Avergonzado, vencido o escarmentado.
尻尾を巻いて、しょぼんと

Ⓔ Antonio se puso a presumir antes de tiempo y cuando no pudo ganar el concurso se fue **con el rabo entre las piernas**.
アントニオは結果がわかる前から自慢をはじめ、実際にコンクールで優勝できなかったとき、しょげ返ってしまった。

Si no quieres tener que irte **con el rabo entre las piernas** será mejor que no alardees tanto.
尻尾を巻いて逃げ出すはめになりたくなかったら、そんなうぬぼれない方がいいよ。

Con la frente alta

❖ ⦗ *Locución adverbial* ⦘   tener la frente alta（動詞句）の形で使われることもある

Ⓢ Estar orgulloso de lo que se ha hecho. Ser arrogante.
胸をはる、堂々とする

Ⓔ Puedo ir **con la frente** muy **alta** porque siempre he actuado bien y no me arrepiento de nada de lo que he hecho.
常に模範的な行動をして、後ろめたいことは何一つないと、僕は胸を張れる。

No sé cómo Antonio puede ir todavía **con la frente alta** después de que todos se enteraran de lo que hizo.
アントニオは自分のしたことがばれてなお、どうして堂々としていられるんだ。

Con las manos en la masa

❖ ⦗ *Locución adverbial* ⦘

Ⓢ Se dice cuando se encuentra a una persona en el momento justo en el que está haciendo algo, posiblemente una mala acción.
（主に悪いことをしている）真っ最中に

Ⓔ Cuando entramos en casa nos encontramos al niño **con las manos en la masa** pintando en la pared con un rotulador.
家に入ったとき、ちょうど壁にマーカーで落書きしていたうちの子を見つけたのよ。

Decía que se había puesto a régimen pero lo encontré **con las manos en la masa** comiendo chocolatinas.
彼はダイエットを始めたと言っていたのに、ちょうど板チョコを食べているところに遭遇してしまったよ。

Con los pies por delante

❖ ⦗ *Locución adverbial* ⦘

Ⓢ Llevarlo a enterrar.
死んで、棺桶に入って

Ⓔ Pensaban que se había ido de vacaciones y resulta que le sacaron de casa **con los pies por delante**.
旅行にでも行ったのかと思っていたら、棺で運ばれていったということだった。

Pensaban que su enfermedad no era grave pero salió del hospital **con los pies por delante**.
大した病気ではないと思われていたが、病院でぽっくり逝ってしまった。

Con pelos y señales
✜ (Locución adverbial)

Ⓢ Minuciosamente, con mucho detalle.
詳細に

Ⓔ Me gustaría conocer tu vida **con pelos y señales**.
あなたのことを全部、詳しく知りたいわ。

Explícame **con pelos y señales** todo lo que has estado haciendo estos días.
ここのところ何をしていたのか、余すところなく教えてちょうだい。

Consultar con la almohada
❖ (Locución verbal)

Ⓢ Dejar que pase un poco de tiempo antes de tomar una decisión.
ゆっくり考える

Ⓔ Antes de decidir si cambio de coche quisiera **consultarlo con la almohada**.
車を買い替える決断をする前にゆっくり考えたいのだけど。

No me presiones, quisiera **consultar con la almohada** la oferta que me has hecho.
急かさないでくれ。君の申し出は少し考えさせて欲しい。

Contra viento y marea
✜ (Locución adverbial) 多く hacer と共に

Ⓢ Hacer algo superando los obstáculos y las dificultades.
障害や困難を乗り越えて

Ⓔ A pesar de la crisis económica, José sacó su empresa adelante **contra viento y marea**.
経済危機という逆境を跳ね返して、ホセは自らの会社を発展させた。

Todos le decían que se retirara pero él decidió seguir **contra viento y marea** y terminó la carrera.
みんなは棄権しろと言ったけど、彼は逆境にめげず突き進み、見事にゴールした。

Correr un tupido velo

❖ ⌈ *Locución verbal* ⌉

Ⓢ Olvidarse deliberadamente de algo problemático, incómodo o polémico.
あえて忘れる、黙認する

Ⓔ **Correré un tupido velo** y esta vez no te preguntaré porqué no volviste anoche a casa.
今回は目をつぶって、なんで昨日の晩は帰って来なかったのか訊かないでおこう。

Sobre la conversación que tuvimos la semana pasada..., será mejor **correr un tupido velo**.
先週した話だけど……水に流した方が良さそうだな。

Corriente y moliente

✪ ⌈ *Locución adjetiva* ⌉

Ⓢ Normal. Sin ninguna característica especial.
普通の、ありきたりの、シンプルな

Ⓔ ¡Bah! Todos dicen que el novio de Lucía era espectacular pero a mí me parece **corriente y moliente**.
ふーん、みんなルシアの彼氏はイケメンだって言うけど、私にはありふれた男にしか見えないけどな。

Este plato parece muy exótico pero todos los ingredientes son **corrientes y molientes**.
見た感じは珍しそうな料理だけど、使われている食材はどこにでもあるようなものばかりだ。

Cortar el bacalao

❖ ⌈ *Locución verbal* ⌉

Ⓢ Para indicar quien es la persona más influyente o la que tiene la autoridad.
主導権を握る、支配する

Ⓔ Mira, en esta empresa soy yo quien **corta el bacalao**.
ねえ君、この会社を牛耳っているのはこの私なんだ。

José presume de ser él quien **corta el bacalao** en su casa pero la verdad es que es su mujer la que manda.
ホセは、家の実権を握っているのは自分だと思っているけど、実際に仕切っているのは嫁さんの方なんだぜ。

Cortar por lo sano

❖ ⌈ *Locución verbal* ⌉

Ⓢ Resolver una situación de forma drástica y tajante.
きっぱりと決着をつける、断固たる処置を取る

Ⓔ Como el niño no quería estudiar, sus padres decidieron **cortar por lo sano** y le han ingresado en un colegio con internado.
息子がなかなか勉強しなかったので、両親は意を決して寄宿学校に入れた。

Estaba harta de mi trabajo y decidí **cortar por lo sano** y dejar la compañía.
今の仕事に飽き飽きしていたので、会社を辞めようと腹を決めた。

Cortarle *a alguien* las alas

❖ ⌈ *Locución verbal* ⌉

Ⓢ Limitar o quitarle a alguien la libertad.
人の気をそぐ、束縛する

Ⓔ ¡Deja ya de intentar **cortarme las alas**! ¿No ves que yo necesito ser libre?
束縛するのはやめてよ！私だって自由な時間が必要なんだよ？

Como no **le cortemos** pronto **las alas** a este niño, nos dará muchos problemas.
いつまでもこの子の勝手にさせておくと、面倒なことになるわよ。

Cortarse la coleta

❖ ⌈ *Locución verbal* ⌉

Ⓢ Jubilarse. Abandonar un trabajo o afición.
引退する、仕事や趣味などをやめる

Ⓔ Mi padre tiene 70 años pero dice que él es todavía demasiado joven para **cortarse la coleta** y quiere seguir trabajando.
父は70歳なのだけど、まだ引退には早すぎると言って、働き続けたいらしい。

En cuanto **me corte la coleta** me voy a dedicar a la pintura.
定年になったらすぐ絵に専念するつもりだ。

Costar Dios y ayuda
❖ (*Locución verbal*)

Ⓢ Algo que se realiza con mucha dificultad.
骨が折れる、一苦労である

Ⓔ Me está **costando Dios y ayuda** ayudarte en este trabajo.
この作業を手伝うのは一苦労なんだからね。

Ayer fui a visitar a Tomás y me **costó Dios y ayuda** dar con su dirección.
昨日はトマスを訪ねて行ったのだけど、住所を見つけるのに一苦労した。

Costar un ojo de la cara
❖ (*Locución verbal*)

Ⓢ Ser muy caro.
目が飛び出るほど高い

Ⓔ La verdad es que esos zapatos son muy bonitos pero **cuestan un ojo de la cara**, así que no los voy a comprar.
すごく素敵な靴なんだけど、目が飛び出るくらい高いから、買わないことにするわ。

La ayuda de los vecinos me **costó un ojo de la cara**. Ahora les estoy devolviendo siempre el favor.
お隣に助けを借りたのが高くついて、始終借りを返している。

Creer a pies juntillas
❖ (*Locución verbal*)

Ⓢ Creer absolutamente, sin ninguna duda.
無条件で信じる、何の疑問も持たない

Ⓔ El niño todavía **cree a pies juntillas** que existe Papa Noel.
少年はサンタクロースの存在をいまだに信じ込んでいる。

Créetelo a pies juntillas porque te aseguro que es completamente cierto.
黙って信じるんだ、紛れもない真実だって保証するから。

Creerse el ombligo del mundo

❖ ⟦ Locución verbal ⟧

Ⓢ Cuando una persona cree de sí misma que es imprescindible o que es más importante que los demás.
自己中心である

Ⓔ No soporto a Antonio. **Se cree** que es **el ombligo del mundo** y siempre espera que todos estemos pendientes de él.
アントニオには我慢できない。自分が世界の中心だとでも思っているのか、いつも人に注目されたがっている。

¿Por qué tengo que hacer lo que tú dices? ¿Es que **te crees el ombligo del mundo**?
なぜあんたの言いなりにならなくてはいけない？世界が自分を中心にして動くと思うな。

Cruzar el charco

❖ ⟦ Locución verbal ⟧

Ⓢ Viajar desde Europa a América o viceversa.
大西洋を渡る

Ⓔ A Carlos le han ofrecido un trabajo muy interesante en Méjico pero dice que le da pereza **cruzar el charco**.
せっかくメキシコで面白い仕事があると持ちかけられたのに、カルロスは大西洋を渡ってアメリカ大陸に行くのが面倒なんだって。

Me da muchísimo miedo viajar en avión así que veo difícil eso de **cruzar el charco**.
飛行機に乗るのが怖い僕には、大西洋を渡るなんて難しいことだよね。

Cuatro gatos

✳ ⟦ Locución sustantiva ⟧

Ⓢ Muy pocas personas o carecer de importancia o relevancia social.
ごく少人数

Ⓔ Este semestre, en la clase de español no éramos más que **cuatro gatos**, así que pudimos estudiar mucho.
今学期のスペイン語は少人数のクラスだったから、その分たくさん勉強できた。

El sindicato de médicos convocó una manifestación pero no acudieron más que **cuatro gatos**.
医師の労働組合はデモを呼びかけたが、ほとんど人が集まらなかった。

D

Dar al traste con
❖ *Locución verbal*

Ⓢ Arruinar una cosa, una idea o un proyecto.
台無しにする、おじゃんにする

Ⓔ Los exámenes del niño **han dado al traste con** nuestros proyectos de vacaciones.
子供の追試で、旅行の計画がだめになった。

Pensábamos casarnos este verano pero la enfermedad de mi madre **ha dado al traste con** nuestros planes de boda.
この夏には結婚するつもりだったけど、母の病気で挙式の予定が狂ってしまった。

Dar calabazas
❖ *Locución verbal*

Ⓢ Rechazar una proposición amorosa. También suspender un examen.
（異性を）振る；落第させる

Ⓔ Isabel le declaró su amor a Tomás, pero él le **dio calabazas**.
イサベルはトマスに告った。でもやつはそれを断ったんだ。

A Santiago le **han dado calabazas** en latín y en griego.
サンチャゴはラテン語とギリシャ語の単位を落とした。

Dar corte
❖ *Locución verbal*

Ⓢ Sentir vergüenza, azoramiento.
恥ずかしがる、気後れする

Ⓔ Si no va es porque le **da corte**, no puede haber otra razón.
もし行かなかったら、それは気おじしたからだ。他に考えられない。

No sé por qué te **da corte** decirme lo te pasa.
何があったのか言うくらいで、どうして恥ずかしがるのさ。

Dar de lado

❖ ⟮ *Locución verbal* ⟯

Ⓢ No importar; ser indiferente.
気にしない、相手にしない

Ⓔ Sinceramente, me **da de lado** lo que la gente piense de mí.
率直に言って、人が自分のことをどう思おうが気にしない。

Si tus problemas me **dieran de lado**, no estaría intentando ayudarte ¿no te parece?
もしあなたの問題に無関心だったら、手助けしようとしないでしょ、そう思わない?

Dar de sí

❖ ⟮ *Locución verbal* ⟯

Ⓢ Esforzarse una persona al máximo. Estirar una prenda de ropa. Explotar al máximo las posibilidades que ofrece una determinada situación.
限界まで努力する；(服などが) 伸びる

Ⓔ José lleva trabajando demasiado tiempo en ese proyecto y yo creo que ya no **da** más **de sí**.
ホセはあまりに長い間、この企画に精を出し続けているけど、もう行き詰っていると思う。

No te pongas ese jersey ¿no ves que es pequeño para ti y lo vas a **dar de sí**?
このセーターは着ちゃダメ。あんたには小さいから、伸びちゃうでしょ?

Dar en el clavo

❖ ⟮ *Locución verbal* ⟯

Ⓢ Acertar.
言い当てる、図星を指す

Ⓔ **Dimos en el clavo** cancelando la excursión porque llovió a cántaros.
どしゃぶりの雨が降ったから、遠足を中止にして正解だった。

Dio en el clavo cuando ayer volvió a intentar resolver el problema.
昨日また問題を解きなおしてみたら、正解にたどり着いたよ。

Dar el tostón (☞ Dar la brasa p.50)

❖ ⌈ *Locución verbal* ⌉

Ⓢ Molestar.
迷惑をかける、邪魔する

Ⓔ Estoy muy ocupada con mi trabajo; por favor, dile al niño que no me **dé el tostón**.
仕事中で忙しいんだ。お願いだから、あの子に邪魔をしないよう言ってくれ。

Siento volver a **darte el tostón** con mis cosas pero necesito que me ayudes.
また個人的なことで迷惑かけて申し訳ないけど、どうしても助けて欲しいの。

Dar el brazo a torcer

❖ ⌈ *Locución verbal* ⌉

Ⓢ Ceder ante las opiniones o el empeño de otra persona.
屈伏する、譲歩する

Ⓔ Intentamos todos convencer a Luis para que apoyara nuestro proyecto pero él no quiso **dar su brazo a torcer** y se opuso hasta el final.
ルイスにプロジェクトを支援してもらおうとみんな説得を試みたものの、彼は譲らずに最後まで拒んだ。

Ya sabes que no voy a **dar mi brazo a torcer**. No insistas.
俺が折れないってことは知っての通りだ、諦めろ。

Dar el pego

❖ ⌈ *Locución verbal* ⌉

Ⓢ Engañar. Hacer creer que una cosa o persona es lo que no es.
それらしく見せかける、だます

Ⓔ Estos pendientes son una baratija pero **dan el pego**. Realmente parecen de oro.
このピアスは安物なのに、見かけは本物の金でできているかのようだ。

Nos **dieron** a todos **el pego** con aquella conferencia. Parecía interesante pero cuando fuimos, descubrimos que sólo querían vendernos libros.
だまされた。面白そうだから行ってみたのに、ただ本を売らんがための講演だったとは。

Dar esquinazo
❖ (Locución verbal)

Ⓢ Evitar encontrarse con una persona.
（やっかいな人と）会うのを避ける

Ⓔ Lucía se ha enfadado con Tomás porque se dio cuenta de que él intentaba **darle esquinazo**.
ルシアはトマスに避けられていることに気づいて腹を立てた。

Mi vecina es una cotilla. Siempre intento **darle esquinazo** pero al final siempre me para y me interroga sobre mi vida.
お隣の奥さんは詮索好きだから、できるだけ会わないようにしているんだけど、結局いつも見つかって、私生活を問いただされる。

Dar gato por liebre
❖ (Locución verbal)

Ⓢ Dar un producto de mala calidad como si fuera bueno. Engañar.
羊頭をかかげて狗肉を売る

Ⓔ Al final no compré el coche porque querían **darme gato por liebre**.
見かけ倒しの車だったので、やはり買うのはやめた。

No sé cómo te las apañas para que siempre que vas a comprar te **den gato por liebre**.
買い物に行くたびにまがい物をつかまされるなんて、どうしてそうなるのか理解できない。

Dar la brasa / la vara (☞ Dar el tostón p.49)
❖ (Locución verbal)

Ⓢ Molestar. Aburrir.
うんざりさせる

Ⓔ El otro día Beatriz me **dio la brasa** con sus historias de siempre.
こないだベアトリスがまたいつもの話をして、うんざりだった。

Por favor, ¡deja ya de **darme la vara**! No ves que no me interesan tus proposiciones.
お願いだから、放っておいて！あなたの提案には興味ないってわからないの？

Dar la callada por respuesta

❖ ⌜Locución verbal⌝

Ⓢ No responder en vez de dar una respuesta negativa.
（否定するかわりに）何も答えない

Ⓔ Le pregunté más de veinte veces si me acompañaba pero él siempre me **dio la callada por respuesta**.
何十回も一緒に行かないかと訊いたのに、やつは押し黙ったまんまだった。

José no sabe decir que no. Siempre prefiere **dar la callada por respuesta**.
ホセは「ノー」と言えないらしい。いつも答えずに黙っている。

Dar la campanada

❖ ⌜Locución verbal⌝

Ⓢ Hacer algo inesperado que provoca los comentarios de otras personas.
スキャンダルを引き起こす、物議をかもす

Ⓔ Carlos y Lucía **han dado la campanada** divorciándose tres días después de su boda.
カルロスとルシアは結婚式の3日後に離婚をして、ゴシップの的になった。

Eso de Tomás, lo ha hecho con la única intención **de dar la campanada**.
そのトマスの事件は、ただ世間を騒がせたくてやったとか。

Dar la cara

❖ ⌜Locución verbal⌝

Ⓢ No esconderse. Asumir las responsabilidades.
責任を取る、逃げ隠れしない

Ⓔ Si quieres que las cosas salgan bien, debes **dar la cara** ante los clientes.
物事がうまく行って欲しいのなら、顧客から逃げ隠れするなよ。

¿Cómo puedes ser tan cobarde y no **dar la cara**?
そんな逃げ隠れする卑怯者でいいと思ってるわけ？

Dar la mano y tomar el pie
❖ (Locución verbal)

Ⓢ Abusar de la confianza de otra persona.
人の信頼につけ込む

Ⓔ Ten cuidado con Azucena. Es muy aprovechada y si le **das la mano y te tomará el pie**.
アスセナには気をつけろ。あいつはがめついから、人の好意につけ込んでくるぞ。

Intenté ayudar a Manuel **dándole la mano y él me tomó el pie**. Ahora tengo muchos problemas por su culpa.
マニュエルに手を貸したら、恩を仇で返された。そのせいで今は問題だらけだ。

Dar la nota
❖ (Locución verbal)

Ⓢ Comportarse de forma inconveniente y llamativa.
（特に場違いなことで）目立つ

Ⓔ No quiero ir a la fiesta contigo porque ya sé que siempre te gusta **dar la nota** y yo paso mucha vergüenza.
あなたと一緒にパーティに行くのは嫌だなあ。だっていつも目立つことをして、私がすごく恥ずかしい思いをするでしょ。

Por favor, habla más bajo y deja de hacer gestos ¿No te das cuenta de que **estás dando la nota**?
ねえ、もっと静かにしゃべってよ。大げさなジェスチャーもやめて。周りの人が注目してるよ。

Dar la paliza / la lata
(☞ dar el tostón p.49 / dar la brasa p.50 / dar la tabarra p.53)
❖ (Locución verbal)

Ⓢ Molestar a otra persona con algún tema o intenciones que no le interesan.
しつこくする、うるさがらせる

Ⓔ ¿Te sigue **dando la lata** aquel chico de Cartagena?
カルタヘナ出身のあの子、まだしつこく付きまとってくる？

No me **des** más **la paliza** ¿no ves que estoy cansada?
これ以上うるさくしないで、疲れてるんだから！

Dar la puntilla

❖ (*Locución verbal*)

Ⓢ Después de otros problemas, darle a una persona un disgusto que la deja hundida.
とどめを刺す

Ⓔ Después de perder el trabajo, su mujer le **dio la puntilla** pidiéndole el divorcio.
失業した挙げ句、妻から離婚を求められ、苦悩のどん底に突き落とされた。

Primero suspendes los exámenes y ahora me dices que no quieres seguir estudiando. Pero hijo ¿tú qué quieres? ¿**Darme la puntilla**?
落第しておいて、今度は学校を辞めたいだと？何が言いたい？とどめの一言か？

Dar la tabarra (☞ p.49, 50, 53)

❖ (*Locución verbal*)

Ⓢ Molestar.
しつこくする、うるさがらせる

Ⓔ Haz el favor de dejar de **darme la tabarra**. Ya te he dicho que no te voy a comprar más juguetes.
しつこくせがむのはやめてもらえる？これ以上おもちゃは買わないったら買わないの。

Me molesta mucho que me **des la tabarra** cuando estoy trabajando.
仕事中にちょっかいを出されるのは、本当に迷惑なんだよ。

Dar la talla

❖ (*Locución verbal*)

Ⓢ Estar a la altura de las circunstancias. Tener el nivel adecuado para lo que se requiere.
（身長などの）基準を満たす；適格である

Ⓔ Le han encomendado a Tomás un trabajo de mucha responsabilidad porque todos confían en que **dará la talla**.
みな、トマスが適任であると考えて、責任重大な仕事を任せた。

Si sabías que no **dabas la talla**, ¿por qué aceptaste el trabajo?
あなたには荷が重過ぎるとわかっていたなら、どうしてその仕事を引き受けたの？

Dar la vuelta a la tortilla
❖ (*Locución verbal*)

Ⓢ Cambiar completamente de opinión o hacer lo contrario de lo previsto para evitar una situación desfavorable.
意見や態度を翻す

Ⓔ María dijo que vendría con nosotros pero luego le **dio la vuelta a la tortilla** y dijo que había dicho que iría con José y con Carlos.
マリアは俺らと来ると言ったのに、後で言葉を翻して、ホセやカルロスと一緒に行くって言った、だとよ。

Has dicho que me regalabas ese libro, no quieras ahora **dar la vuelta a la tortilla** diciendo que lo has dicho en broma.
その本は俺へのプレゼントだって言ったよな？やっぱり冗談だったなんて言わせないぞ。

Dar largas
❖ (*Locución verbal*)

Ⓢ Dar excusas y alargar o retrasar el cumplimiento de algo.
（口実を作って）先延ばしにする、長引かせる

Ⓔ Andrés tenía que haberme devuelto la semana pasada el dinero que le presté pero no hace más que **darme largas**.
アンドレスに貸した金を先週返してもらえるはずだったのに、先延ばし先延ばしにされている。

Cada vez que le pido a María que me ayude, me **da largas**.
マリアに手伝って欲しいと頼むたびに、「あとで」と言われてしまう。

Dar mala espina
❖ (*Locución verbal*)

Ⓢ Cuando sentimos que una situación va a terminar mal. Sentir sospechas.
悪い予感がする、うさんくさい感じがする

Ⓔ No sé, pero me **da mala espina** que tarden tanto en llegar ¿No habrán perdido el avión?
なんか悪い予感がするな、まだ着かないなんて。飛行機に乗り遅れたってことはないよな？

Me **da mala espina** que paguen tanto por hacer este trabajo tan sencillo.
こんな簡単なバイトでこれだけ報酬がもらえるのは、どうも引っかかる。

Dar palos de ciego

❖ ⌈ Locución verbal ⌉

Ⓢ Actuar a tientas, sin saber por dónde se va o lo que se hace.
やみくもに行う、手探りで行う

Ⓔ No sé como solucionar este problema. No hago más que **dar palos de ciego** y no adelanto nada.
どうやってこの問題を解決したらいいんだ。ずっと手探り状態で、まったく前進していない。

José no sabe cómo declararse a María. **Está dando palos de ciego** y María empieza a cansarse.
ホセはなかなかマリアに告白できずにいて、そのぎこちない態度に彼女も疲れてきている。

Dar pie

❖ ⌈ Locución verbal ⌉

Ⓢ Dar motivos a una persona para que actúe de una forma determinada.
きっかけを与える

Ⓔ Le dije lo que pensaba porque él me **dio pie**, por eso no entiendo porqué se ha enfadado.
彼に聞かれたから意見を言ったのに、なんで怒り出したんだろう。

Le **he dado pie** para que se acerque a mí; si no lo hace es porque no le interesa.
彼を挑発してみたのに、私に寄って来なかったのは興味がなかったからね。

Dar plantón (☞Dejar plantado p.70)

❖ ⌈ Locución verbal ⌉

Ⓢ No acudir a una cita.
会う約束をすっぽかす

Ⓔ José se enfadó con Antonio porque de nuevo le **había dado plantón** en la misma semana.
ホセは一週間のうちに二度もアントニオから待ちぼうけを食わされて、かちんときた。

Raúl me **ha dado plantón** varias veces así que nunca más voy a quedar con él.
ラウルには何度も約束をすっぽかされているから、やつとはもう二度と待ち合わせしない。

Dar por descontado
❖ ⌜Locución verbal⌝

Ⓢ Estar seguro de algo.
当然そうだと思う

Ⓔ Te he encargado este trabajo porque **doy por descontado** que tienes capacidad para hacerlo.
君なら当然この仕事をこなす能力があると思って、任せたのだよ。

Manuel **dio por descontado** que iríamos a su casa. Luego se enfadó porque no fuimos.
マニュエルは聞くまでもなく、僕らが遊びに来るものだと思っていたらしい。そして、なぜ来なかった、と怒り出した。

Dar por sentado
❖ ⌜Locución verbal⌝

Ⓢ Pensar que algo está claro y que todos lo entienden. Presuponer.
わかりきったことだと見なす

Ⓔ Todos **dábamos por sentado** que sabías de lo que estábamos hablando.
俺らが話していたこと、当然おまえもわかってるんだと思ってた。

Dieron por sentado que yo había aceptado sus condiciones y se sorprendieron cuando no quise firmar el contrato.
当然、私が条件をのんだものと思っていたらしく、契約のサインをしぶると、驚かれた。

Dar rienda suelta
❖ ⌜Locución verbal⌝

Ⓢ No ejercer ningún control sobre las personas, acciones o las propias palabras.
好きにさせる、おもむくままに任せる

Ⓔ Cuando Felipe **da rienda suelta** a su imaginación escribe unas historias bellísimas.
フェリペが想像力のおもむくままに書き綴ると、すばらしいストーリーが生まれる。

Dale rienda suelta al niño para que juegue como a él le dé la gana.
この子の遊びたいように、遊ばせてやりなさい。

Dar por zanjado *algo*

❖ ⌈ *Locución verbal* ⌉

Ⓢ Considerar que algún hecho ya ha concluido y que no es necesario volver a discutir, hablar o pensar sobre ello.
決着がついたと見なす

Ⓔ Creo que debemos **dar por zanjada** nuestra conversación en vista de que ninguno de los dos va a cambiar de opinión.
意見の譲り合いができなさそうだから、この話し合いは終わりにするべきだと思う。

Sobre nuestro asunto ¿quieres que lo **demos por zanjado** o prefieres que volvamos a hablar sobre ello?
例の件だけど、もう済んだことにする？それとも、もう一度話し合いたい？

Dar un paso en falso

❖ ⌈ *Locución verbal* ⌉

Ⓢ Equivocarse.
踏み誤る、間違いを犯す

Ⓔ No creo que debas enfadarte tanto con Roberto, al fin y al cabo (☞ p.14) no **ha dado** más que **un paso en falso** y eso nos puede pasar a todos.
そんなにロバートを怒らない方がいいと思うよ。とどのつまり、ちょっと道を踏み外しただけで、誰にだって起こりうることなんだから。

Teresa dice que ella no **ha dado un paso en falso** jamás pero lo cierto es que no hace más que meter la pata. (☞ p.118)
テレサは一度もミスを犯したことがないと言うけど、本当は、しくじってばかりいる。

Dar un vuelco el corazón

❖ ⌈ *Locución verbal* ⌉

Ⓢ Sufrir un sobresalto o una emoción fuerte.
どきっとする

Ⓔ El jueves me encontré a mi antiguo novio en el tren y, cuando lo vi, me **dio un vuelco el corazón**.
木曜日、電車で元カレと出逢ったんだけど、彼の姿を見たときは心臓が飛び出しそうになったわ。

¿Cómo se te ocurre telefonearme a las tres de la madrugada? Me **ha dado un vuelco el corazón** pensando que había ocurrido un accidente.
どうして深夜3時に電話しようなんて思ったの？何か事故があったのかと思って、どきっとしたじゃないの。

Dar una cabezada
❖ ⌈ Locución verbal ⌉

Ⓢ Quedarse dormido unos momentos.
うたた寝をする

Ⓔ Me tuve que quedar toda la noche estudiando; no pude **dar** más que **una cabezada** y ahora estoy muerto de sueño.
徹夜で勉強しなくちゃいけなくて、うたた寝程度しかできなかったから、今、眠くて死にそう。

La causa del accidente fue porque el conductor **dio una cabezada** y el coche se salió de la carretera.
運転手が居眠りをして、車が道から飛び出したのが事故原因らしい。

Dar una de cal y otra de arena
❖ ⌈ Locución verbal ⌉

Ⓢ Actuar bien y mal al mismo tiempo.
矛盾したことをする；一得一失である

Ⓔ Ana siempre me **da una de cal y otra de arena**: un día me llama y al día siguiente no se pone al teléfono.
アナのすることは矛盾していて、ある日電話をかけてきたかと思えば、次の日には電話に出ない。

Nos **dieron una de cal y otra de arena**: por un lado aceptaron nuestro proyecto pero, por otro, redujeron el presupuesto.
我々の企画は受け入れられた一方、予算が削減され、一得一失といったところか。

Darle *a alguien* el día / la tarde / la noche / la cena / la película, etc

❖ *Locución verbal*

Ⓢ Molestar a alguien durante el periodo indicado.
その間中うるさがらせる

Ⓔ Ayer Lidia **nos dio** a todos **la tarde** hablando sobre su divorcio.
昨日はリディアに離婚をしたって話を延々と聞かされて、私たちの午後が潰れた。

El domingo fuimos al cine pero un espectador, que estaba constipado, **nos dio la película** con sus toses.
日曜日は映画を観に行ったけど、風邪を引いた観客の咳がずっと止まらなくて煩かった。

Darle *a alguien* un toque

❖ *Locución verbal*

Ⓢ Avisar a una persona. Amonestar. Advertir.
注意を与える、警告する、忠告する

Ⓔ Ayer mis padres **me dieron un toque** y me dijeron que si no sacaba buenas notas podía ir despidiéndome de las vacaciones.
良い成績を取れなかったら旅行に連れて行かないぞ、と昨日親に注意された。

Creo que tenemos que **darle un toque** a Ramón. ¿No te parece que está bebiendo demasiado?
ラモンに注意してやった方が良さそうだな。飲みすぎだと思わないか？

Darse aires de grandeza

❖ *Locución verbal*

Ⓢ Presumir. Hacer ostentación delante de otras personas. Darse uno mismo importancia.
うぬぼれる、おごる、これ見よがしな態度を取る

Ⓔ No sé a qué vienen esos **aires de grandeza** que **te das**. Recuerda que te conozco desde que eras niño.
何、見栄を張ってんの？あんたのことは小さい頃から知ってるんだよ。

Teresa es encantadora pero cuando **se da aires de grandeza** se pone insoportable.
テレサは魅惑的だけど、思い上がると鼻持ちならない。

Darse con un canto en los dientes
❖ ⟦ Locución verbal ⟧

Ⓢ Conformarse con algo malo porque podía haber sido mucho peor.
（まずまずの結果だと）納得する、満足する

Ⓔ Con todos los errores que he cometido, **me** puedo **dar con un canto en los dientes** si ella me sigue hablando.
僕が犯した数々の過ちを気にせず話しかけてくれるなら、それでよしとしよう。

Este semestre no has estudiado nada, así que **date con un canto en los dientes** si sólo suspendes dos asignaturas.
今学期は全然勉強しなかったんだから、不可2つくらいなら納得しろよ。

Dárselas *a alguien* con queso
❖ ⟦ Locución verbal ⟧

Ⓢ Engañar a una persona.
人をだます

Ⓔ ¿Te crees que soy tonta y que **me las** puedes **dar con queso**? Pues te equivocas. Tú no puedes engañarme.
俺がバカのお人好しだと思ったら、大間違いだ。だまされやしないぜ。

Pepito es muy inocente. Sus amigos todos los días **se las dan con queso** y él ni se entera.
ペピートは本当に無邪気で、友達が毎日のようにからかっても、まったく気づかない。

De andar por casa
❖ ⟦ Locución adjetiva ⟧

Ⓢ Algo útil y práctico, sin pretensiones.
シンプルな、実用的な、普通の

Ⓔ Estoy pensando en comprarme un coche. Un modelo pequeño, **de andar por casa**, porque sólo lo voy a utilizar para desplazamientos cortos.
車を買おうかなと思ってるの。どうせ近くの用事にしか使わないから、小さくて実用的なモデルのね。

Mi abuela se ha comprado un móvil modernísimo. La verdad es que no sé para qué lo quiere; un modelo **de andar por casa** habría sido suficiente para ella.
祖母が最新の携帯を買ったのだけど、正直、何でそんなものが欲しかったのかわからない。普通のシンプルなモデルで十分だったろうに。

De aquí a Lima
❈ (Locución interjectiva)

Ⓢ Se usa como comparación, para expresar que una de las cosas comparadas supera ampliamente a la otra.
はるかに、桁違いに

Ⓔ ¡Dónde vas a parar! José Tomás es el mejor torero **de aquí a Lima**.
比べるまでもない！ホセ・トマスは断然最高の闘牛士だ。

Los garbanzos que prepara mi abuela son los mejores **de aquí a Lima**.
おばあちゃんの料理するヒヨコマメはぶっちぎりでおいしい。

De boquilla
✥ (Locución adverbial)

Ⓢ Decir algo sin intención real de hacerlo.
口先だけの

Ⓔ No le hagas caso cuando dice que va a dejar el trabajo ¿no ves que habla **de boquilla**?
やつが仕事を辞めると言い出しても、気にするなよ。本心じゃないのはわかるだろ？

Tú continúa diciendo cosas **de boquilla** y verás como dentro de poco nadie te hace caso.
口先だけでしゃべってると、今におまえの言うことを誰も聞かなくなるぜ。

De buenas a primeras
✥ (Locución adverbial)

Ⓢ De repente. De forma súbita.
突然、だしぬけに

Ⓔ Hacía un día precioso y **de buenas a primeras** empezó a tronar y cayó un chaparrón tremendo.
とても良いお天気だったのに、急に雷が鳴り始めて、激しいにわか雨が降った。

Llevaba tres meses diciendo que estaba enamoradísimo de Julia y ayer **de buenas a primeras** nos dice que ya no la quiere.
フリアにぞっこんだと３カ月も前から言っていたのに、昨日になって突然、もう好きじゃなくなっただと。

De caballo

✺ (Locución adjetiva)

Ⓢ Cuando se tiene una enfermedad grave.
(病気が) 重い

Ⓔ Justo cuando tenía que salir de viaje, agarré una gripe **de caballo**.
ちょうど旅行に出発するときになって、ひどいインフルエンザにかかった。

Todos pensábamos que el abuelo tenía una úlcera **de caballo** en el estómago, luego descubrimos que se quejaba sólo cuando no le gustaba la comida.
祖父は重度の胃潰瘍を患っているのかとみんな思っていたら、食事が気に入らないときに、がたがた言っているだけだと後からわかった。

De cabo a rabo

✥ (Locución adverbial)

Ⓢ Completamente. Por entero. De principio a fin.
完全に、最初から最後まで

Ⓔ He recorrido el parque **de cabo a rabo** y no he visto a nadie.
公園をくまなく歩き回ったけど、誰とも会わなかった。

He leído el libro que me recomendaste **de cabo a rabo** y, la verdad, no sé por qué dices que es bueno.
薦めてくれた本を端から端まで読んでみたけど、正直、どこがよいのかわかんないなあ。

De capa caída

❖ (Locución verbal) andar, estar などと共に

Ⓢ En un mal momento psíquica o físicamente. Deteriorado.
(健康や精神状態が) 良くない；落ちぶれた

Ⓔ José anda **de capa caída** desde que le dejó su novia.
彼女に捨てられてから、ホセは身も心もぼろぼろだ。

He visto a Manuel después de varios años y me ha parecido que estaba **de capa caída**. Casi ni le reconozco.
何年かぶりにマヌエルに会ったら、尾羽打ち枯らした姿で、別人のようだった。

De carrerilla

❖ (*Locución verbal*) decir, saber, recitar, hablar などと共に

Ⓢ De memoria. Normalmente se usa con los verbos saber y decir.
そらで、丸暗記で

Ⓔ El camarero de este restaurante siempre dice el menú **de carrerilla** y tan rápido que yo no lo entiendo.
このレストランのウェイターはきまって丸暗記したメニューを一気に言うから聞き取れない。

A este niño le encanta el fútbol. Se sabe **de carrerilla** el nombre de todos los jugadores de primera división.
この子はサッカーが大好きで、1部リーグの選手全員の名前をそらで言える。

De chiripa

✳ (*expresion coloquial*)

Ⓢ De casualidad.
偶然、まぐれで、運よく

Ⓔ Había tanta gente en la fiesta que nos encontramos **de chiripa**.
パーティ会場にはかなりの人がいたから、出会えたのは偶然だ。

Has acertado la pregunta **de chiripa** porque no tienes ni idea de este tema.
質問に答えられたのはまぐれだろ。だってこの問題について何も知らないじゃないか。

De fábula

✿ (*Locución adjetiva*)

Ⓢ Muy bueno. Estupendo. Fabuloso.
すばらしい、非常に良い

Ⓔ Las vacaciones de este año fueron **de fábula**. Salió todo a pedir de boca. (☞ p.8)
今年の旅行は文句なしだったわね、すべてが期待通りになって。

José dice que le va **de fábula** pero a mí me parece que lo dice sólo para que no nos preocupemos.
ホセは気分上々だと言うけど、私たちが心配しないようにそう言ってるんじゃないかな。

De golpe y porrazo
✥ ⟮ Locución adverbial ⟯

Ⓢ De repente.
突然、藪から棒に

Ⓔ Todos pensábamos que se llevaban muy bien y **de golpe y porrazo** nos enteramos de que se habían divorciado.
彼らはおしどり夫婦だと思っていたら、不意に、離婚の知らせが舞いこんだ。

Llevaba varios meses diciendo que quería hacer ese viaje y ayer **de golpe y porrazo** nos dice que ya no le apetece.
あいつ、もう何カ月もその旅行を楽しみにしていたのに、藪から棒に、気が向かなくなっただと。

De gorra
✥ ⟮ Locución adverbial ⟯

Ⓢ Gratis.
無料で

Ⓔ Viajamos desde Madrid hasta Málaga **de gorra** aprovechando que Luis iba a ir en su coche.
ルイスの車に便乗して、マドリードからマラガまでただで行けた。

El otro día fui al restaurante de mi hermano y comí **de gorra**.
こないだは兄のレストランに行って、ただ飯にありついた。

De lo lindo
✥ ⟮ Locución adverbial ⟯

Ⓢ Mucho; en abundancia; intensamente.
たくさん、大量に、非常に

Ⓔ Ayer llovió **de lo lindo** y se inundaron las calles adyacentes a mi casa.
昨日は雨が大量に降って、家の近くの道が水浸しになった。

José duerme **de lo lindo**. Es difícil encontrarle despierto después de las nueve de la noche.
ホセは非常によく寝る。夜9時以降に起きている姿を見ることは稀だ。

De mala muerte
❖ (Locución adverbial)

Ⓢ Muy malo. De ínfima calidad.
ひどい、最低の

Ⓔ Nos alojamos en una pensión **de mala muerte** y no pudimos pegar ojo en toda la noche.
みすぼらしい安宿に泊まって、昨夜は一睡もできなかった。

En vez de quejarte tanto porque tienes un trabajo **de mala muerte**, deberías buscar algo mejor.
しょうもない仕事だと嘆くよりも、もっといい仕事を探すべきだよ。

De mil amores
❖ (Locución adverbial)

Ⓢ Con mucho gusto.
喜んで

Ⓔ Te ayudaré **de mil amores** siempre que lo necesites.
必要なときは、いつでも喜んで手伝うとも。

Siempre que visitamos a Enrique, nos recibe **de mil amores**.
エンリケを訪ねるといつも快く迎えてくれる。

De narices
✿ (Locución adjetiva)

Ⓢ Mucho. Abundantemente. En demasía.
すごい、すごく

Ⓔ Tu redacción ha mejorado muchísimo. Antes escribías mal **de narices**.
ライティングがとても上手くなったね。前はへたくそだったのに。

No entiendo porqué no te gusta el café. A mí me parece que es rico **de narices**.
コーヒーが好きじゃないだなんて。ものすごくおいしいのに。

De noche todos los gatos son pardos

❋ *expresion coloquial*

Ⓢ Con poca luz no se puede distinguir lo bueno de lo malo, lo bonito de lo feo, etc.

夜は暗くてよく見分けがつかない、という表現

Ⓔ –¿Piensas salir en pijama a tirar la basura?
–Sí. ¿Qué más da? **De noche todos los gatos son pardos.**

ーパジャマ姿でゴミ出しに行くつもり？
ーええ、それが何か？夜目遠目笠の内って言うでしょ？

¿Estás seguro que aquel es Juan? **De noche todos los gatos son pardos** y yo creo que te equivocas.

あれ本当にホアン？暗くて見間違えてるんだと思うけどな。

De órdago

✪ *Locución adjetiva*

Ⓢ Mucho. Muy grande. Muy bueno.

すごい、巨大な、素晴らしい

Ⓔ La película fue **de órdago**. Hacía mucho tiempo que no me divertía tanto en el cine.

素晴らしい映画だったわ。映画館でこんなに楽しんだのは久しぶり。

Hubo un accidente **de órdago** delante de mi casa. Menos mal que no hubo heridos graves.

家の前でひどい事故があったけど、重傷者が出なかったのは不幸中の幸いだった。

De pacotilla

✪ *Locución adjetiva* ふつうは ser と一緒に（省略されることもある）

Ⓢ Malo o de mala calidad.

粗悪な

Ⓔ El reloj que me compré era muy bonito pero **de pacotilla** y se me rompió a los cuatro días.

自分用に買った時計は、可愛かったけど安物で、数日と経たないうちに壊れてしまった。

Julián es un amigo **de pacotilla**. En cuanto le necesitas, siempre pone alguna disculpa.

フリアンは最低な友人だ。手伝いを頼むたびに、お茶を濁す。

De padre y muy señor mío

✪ (Locución adjetiva)

Ⓢ Extraordinario. De grandes proporciones. Muy grande.
途方もない、とても大きい

Ⓔ Andrés tiene un problema **de padre y muy señor mío**, sin embargo no quiere pedirle ayuda a nadie.
アンドレスは途方もない問題を抱えているのに、誰にも助けを求めようとしない。

El niño ha cogido un resfriado **de padre y muy señor mío** y será mejor que lo llevemos al médico.
子供がひどい風邪を引いてしまい、医者に連れて行った方が良さそうだ。

De Pascuas a Ramos

⁂ (Locución adverbial)

Ⓢ Muy pocas veces. Algo que sucede en intervalos muy largos de tiempo.
ごく稀に

Ⓔ Desde que Rosa se casó, la vemos **de Pascuas a Ramos**.
ローサが結婚してからは、たまにしか会っていない。

Estoy tan ocupada que voy al cine **de Pascuas a Ramos**, y eso que me gusta mucho.
ほんとに忙しくて滅多に映画館には行かないの。大好きなんだけどなあ。

De perros

✪ (Locución adjetiva)

Ⓢ Muy mal o muy malo.
ひどく悪い

Ⓔ Ayer hizo un día **de perros**: Por la mañana hizo un calor insoportable y por la tarde hubo unas tormentas espantosas.
昨日はさんざんな一日だった。午前中は耐えがたい暑さで、午後はひどい嵐になった。

No voy nunca a aquella cafetería porque el café es **de perros**. Sabe fatal y me sienta mal al estómago.
あの喫茶店にはもう二度と行かない。コーヒーが恐ろしくまずくて気持ち悪くなるし、とても飲めたもんじゃない。

De primera mano
✲ (Locución adjetiva)

Ⓢ Saber algo directamente, sin intermediarios.
直接、何も介さずに（情報を得る）

Ⓔ Créete lo que te digo. Te aseguro que la información es **de primera mano**.
信じてよ、確実に僕が直接得た情報なんだから。

Sé **de primera mano** que José Luis se va a vivir al extranjero porque ayer me lo contó su madre.
ホセ・ルイスが海外に移り住むことは、昨日彼の母親が話してくれて、じかに知った。

De tres al cuarto
✲ (Locución adjetiva)

Ⓢ De baja calidad. Vulgar.
品質の悪い、下品な

Ⓔ A mí esta música **de tres al cuarto** no me gusta nada.
個人的には、この俗っぽい曲はまったく好きになれない。

¿Estás seguro que la película es buena? A mí me ha parecido una producción **de tres al cuarto**, con malos actores y un guión aburrido.
まじで良い映画だと思ってる？役者はまずいし脚本は退屈で、俺には三流映画にしか思えなかったけどな。

De una vez por todas
✛ (Locución adverbial)

Ⓢ Por fin; definitivamente.
きっぱりと、決定的に

Ⓔ Dime **de una vez por todas** que piensas de mi proposición y deja ya de darme largas. (☞ p.54)
ごちゃごちゃ言い訳してないで、私の提案をどう思うか、はっきりと言いなさい。

Hay que solucionarlo **de una vez por todas** y no esperar a tener de nuevo problemas.
新たに問題が生じる前に、一気に解決しなければ。

De sopetón

❖ (Locución adverbial)

Ⓢ De repente. Por sorpresa. Inesperadamente.
突然、不意に、予期せず

Ⓔ Paco me dio la noticia **de sopetón** y yo no me lo podía creer.
パコから不意に知らされて、僕は信じられなかった。

Estábamos en casa tranquilamente y llegó Félix **de sopetón**, sin avisarnos de su visita ni nada.
家でくつろいでいたら、フェリックスが来るとも何とも知らせずに、突然やって来た。

De tarde en tarde

❖ (Locución adverbial)

Ⓢ De vez en cuando. A veces.
たまに、時々

Ⓔ No sé nada de María. Lo cierto es que nos vemos **de tarde en tarde** y últimamente no hemos coincidido.
マリアの消息は知らないなあ。事実、たまにしか会わないし、最近は全然。

Voy al teatro **de tarde en tarde** porque muchas de las obras que se representan no me interesan.
上演される作品の多くは興味がわかないから、劇場にはたまに足を運ぶ程度だ。

Dejar colgado

❖ (Locución verbal)

Ⓢ Abandonar a alguien en algún lugar. No acudir a una cita.
置き去りにする、待ちぼうけを食わせる

Ⓔ ¿Por qué me **dejasteis colgado** la otra noche?
こないだの夜はどうして約束をすっぽかしたの？

José se ha enfadado con razón ¿Cómo se os ocurrió **dejarle colgado** en la playa y regresar sin avisarle?
あの子に何も言わずビーチに置き去りにするなんて、どうしてそんなことができるんだと、ホセが怒ったのも無理はない。

Dejar plantado *a alguien* / dejar en la estacada
(☞ dar plantón p.55)

❖ ︎ Locución verbal

Ⓢ No acudir a una cita.
待ちぼうけをくわせる

Ⓔ Ayer te **dejé plantado** porque se me estropeó el coche.
昨日待ちぼうけをくわせたのは、車が壊れてしまったからなんだ。

Espero que no me **dejes plantada** a la puerta del cine, que ya sé que siempre te olvidas de las citas.
映画館の前で待ちぼうけを食わせないでね、しょっちゅう約束を忘れるのはもう知ってるんだから。

Dejar sentado (☞ dar por sentado と混同しないように)

❖ ︎ Locución verbal

Ⓢ Aclarar algo. Establecer las premisas de algo.
はっきりさせておく

Ⓔ Vamos a **dejar** bien **sentadas** las condiciones de nuestra cooperación para que después no haya problemas.
後から問題が生じないよう、我々の協力条件を明確にしておこう。

Quiero **dejar sentada** una cosa: Voy a seguir insistiendo hasta lograr mis objetivos.
一つだけはっきりさせておくと、目的が達せられるまで、しつこく諦めないからね。

Dejarse *algo* en el tintero

❖ ︎ Locución verbal

Ⓢ Olvidarse decir algo.
言い忘れる

Ⓔ Ya te he explicado en qué consiste tu trabajo y espero no **haberme dejado** nada **en el tintero**.
あなたのお仕事の内容は説明した通りよ。何も言い残したことはないといいけど。

Luis siempre **se deja en el tintero** lo más importante y luego vienen los problemas.
ルイスはいつも一番大事な用件を言い忘れて、後でトラブルが生じる。

Dejarse de cuentos

❖ (*Locución verbal*)

Ⓢ No poner excusas e ir a lo substancial de un asunto.
余計なことを言わない、(言い訳をせずに) 本題に入る

Ⓔ Por favor, **déjate** ya **de cuentos** y explícanos porqué ayer no fuiste a la reunión.
さあ、戯言はいいから、昨日なんでミーティングに来なかったのか説明しろよ。

Antonio nunca **se deja de cuentos** y siempre está poniendo excusas para no hacer su trabajo.
アントニオは無駄口ばかりたたいて、作業をしない言い訳をしている。

Dejarse llevar por la corriente

❖ (*Locución verbal*)

Ⓢ Permitir que las ideas de otras personas influyan en nuestro comportamiento o en la toma de decisiones.
周りに流される、大勢に従う

Ⓔ Yo no **me dejo llevar por la corriente**. Tengo muy claras mis ideas.
僕は人に流されないよ。自分の考えをはっきり持っているし。

No **te puedes dejar llevar por la corriente** en los asuntos importantes que afectan directamente a tu vida. Tienes que decidir tú mismo.
自分の人生に直接かかわる大事なことは、人任せにしないで、自分の意思で決めなければいけないね。

Descubrirse el pastel

❖ (*Locución verbal*)

Ⓢ Descubrirse algo que se ha intentado ocultar. Generalmente algo malo.
秘密が漏れる、露見する

Ⓔ Estuvieron ocultando los defectos del producto y, cuando **se descubrió el pastel**, la empresa tuvo indemnizar a los clientes.
製品の欠陥を隠蔽していたその会社は、不正が発覚して、顧客に賠償をしなければならなかった。

No puedes seguir engañando a tus amigos porque cuando **descubran el pastel** se enfadarán mucho.
友達をだまし続けるわけにはいかないって。秘密がばれたら、きっとかんかんになるよ。

Descubrir la pólvora
❖ (*Locución verbal*)

Ⓢ Descubrir o enterarse de algo evidente que todo el mundo ya conoce.
当たり前のことを今さらのように知る

Ⓔ No es que yo **haya descubierto la pólvora**, simplemente me he dado cuenta de que el trabajo es mediocre y que ni siquiera a mí me interesa.
別にすごい発見をしたわけじゃなくて、ただ平凡な仕事で全然興味がわかないことに気づいただけなんだ。

¡Pues claro que este camino es más corto! ¿Te piensas que **has descubierto la pólvora** o qué?
そりゃ、もちろんこっちの道の方が近いさ！何か大発見をしたとでも思ったか？

Despedirse a la francesa
❖ (*Locución verbal*)

Ⓢ Irse de un lugar sin despedirse de las personas que estaban allí.
挨拶せずに立ち去る

Ⓔ Cuando nos dimos cuenta Antonio ya no estaba. Como siempre **se despidió a la francesa**.
気づいたらアントニオはもういなかった。いつもながら、黙って行ってしまったのか。

¡No me puedo creer que **te despidieras a la francesa**! Pero ¿porqué lo hiciste?
何も言わずに行っちゃうなんて信じらんない！ていうか、なんで？

Devanarse los sesos (☞ comerse la cabeza p.32)
❖ (*Locución verbal*)

Ⓢ Pensar algo en exceso.
考え込む、深く考えすぎる

Ⓔ Deja ya de **devanarte los sesos**. ¿No ves que ya no tiene remedio?
考え込むのはやめなさい。もうどうしようもないでしょ？

Estuve toda la noche **devanándome los sesos** pero al final no he llegado a ninguna conclusión.
一晩中、一生懸命考えていたけど、結局のところ何の結論にも至らなかった。

Devolver la pelota
❖ (Locución verbal)

Ⓢ Responder a una persona actuando de la misma forma que ella ha actuado con nosotros.
（同じような方法で）仕返しする、やり返す

Ⓔ María le dio una mala contestación a Javier y él le **devolvió la pelota** llamándole idiota.
マリアからむかつく返事をされ、ハビエルは仕返しにバカと言ってやった。

Ayer Luis no me quiso ayudar y yo le **he devuelto la pelota** no ayudándole hoy a él, así que no me critiques.
今日ルイスを手伝ってあげなかったのは、昨日私を手伝ってくれなかった仕返しなんだから、とやかく言わないでよ。

Donde Cristo dio las tres voces
❖ (Locución adverbial)

Ⓢ En un lugar apartado y desierto.
とても遠い所に、へんぴな所に

Ⓔ El hotel estaba **donde Cristo dio las tres voces**. Nos costó muchísimo llegar hasta allí.
ホテルがへんぴな所にあって、たどり着くまでに非常に苦労した。

Mi trabajo está **donde Cristo dio las tres voces** y tardo dos horas y media en llegar a la oficina.
職場がかなり遠くて、着くのに2時間半もかかる。

Donde dije digo, digo Diego
❖ (expresion coloquial)

Ⓢ Cambiar de opinión. Desdecirse de lo dicho.
意見を翻す、前言撤回する

Ⓔ Ayer me dijo que lo haría, pero hoy dice que **donde dijo digo, dijo Diego** y que nunca prometió nada.
昨日やると言ったのに、今日はそれを引っ込めて、一度も約束してないだなんて。

Manuel siempre cambia de opinión y termina diciendo que **donde dijo digo, dijo Diego**.
マニュエルの意見は首尾一貫せず、最後には決まって前言を翻す。

¡Dónde va a parar!
❈ (*Locución interjectiva*)

Ⓢ Es una expresión de comparación con la que manifestamos nuestra preferencia por una de las cosas que comparamos.
差が歴然で、比較するまでもない、という表現

Ⓔ La comida española es mucho más rica **¡dónde vas a parar!**
スペイン料理の方がずっとおいしいってば。比べるまでもないよ！

No tenéis razón. Andalucía es mayor que Madrid. **¡Dónde vais a parar!**
それは違うな。アンダルシアの方がマドリードより比べものにならないくらい大きいだろう。

Dormirse en los laureles
❖ (*Locución verbal*)

Ⓢ Descuidar el trabajo o dejar de esforzarse después de haber obtenido algunos éxitos.
成功に安んずる

Ⓔ Miguel tuvo excelentes notas en el primer semestre, pero luego **se durmió en los laureles** y parece que ha suspendido dos asignaturas.
ミゲルは１学期にすばらしい成績を取ったものの、それに満足して気を抜いたら、２教科落としてしまったようだ。

Su primer libro fue un éxito, pero el segundo era infumable. Se ve que **se durmió en los laureles**.
一作目の著書はヒットしたのだけど、それに気を良くしてしまったようで、二作目はどうしようもない駄作だった。

E

Echar a perder
❖ *Locución verbal*

Ⓢ Estropearse o malograrse una cosa o persona.
悪くする、だめにする

Ⓔ Ayer se me cayó el café encima y **eché a perder** la camisa nueva.
昨日コーヒーをこぼして、新品のシャツがだめになった。

Si sigues calentando ese guiso lo vas a **echar a perder**.
火にかけたままにしてると、シチューが台無しになるよ。

Echar el ojo
❖ *Locución verbal*

Ⓢ Fijarse con interés en algo.
目をつける、物欲しげに見る

Ⓔ Ayer le **eché el ojo** a un libro pero no tenía suficiente dinero, así que iré hoy a comprarlo.
昨日はとある本に目をつけたんだけどお金がなかったから、今日買いに行ってくるね。

Parece que José le **ha echado el ojo** a una chica de Guadalajara.
ホセはグアダラハラから来た娘に気があるらしい。

Echar en cara
❖ *Locución verbal*

Ⓢ Reprocharle algo a una persona.
とがめる、非難する

Ⓔ Me **echó en cara** que un día lo dejé en la estacada (☞ p.70) cuando éramos jóvenes.
いつだかまだ若かった頃に彼女を置き去りにした日のことで嫌味を言われた。

Si te **echo en cara** tu comportamiento es porque no quiero que vuelvas a hacer lo mismo otra vez.
おまえの行動をとがめるのは、また同じことを繰り返して欲しくないからだよ。

Echar en saco roto
❖ (*Locución verbal*)

Ⓢ No tener en cuenta. Olvidar. No hacer caso.
忘れる、気に留めない

Ⓔ No **eches en saco roto** los consejos de tu padre. Al final, como siempre, él quiere lo mejor para ti.
お父さんの忠告は心に留めておけよ。何と言っても、いつも君のためを思っているんだから。

Eché en saco roto lo que me dijo Irene y tuve muchos problemas por no haberle hecho caso.
イレネに言われたことを失念してしまった。よく聞かなかったせいで困ったことになったなあ。

Echar leña al fuego
❖ (*Locución verbal*)

Ⓢ Agravar una discusión o una situación complicada.
火に油をそそぐ

Ⓔ Cuando parecía que la discusión iba a terminar, llegó Matías **echando leña al fuego** y otra vez empezaron todos a discutir.
ようやく口論が終わろうかとしていたときに、マティアスが登場。彼が火に油をそそいで、再び言い争いが始まった。

¡Cállate y no **eches** más **leña al fuego**! ¿No te das cuenta de que tus palabras sólo agravan la situación?
火に油をそそぐのはやめて、黙ってろ！おまえの発言は状況を悪化させるだけだって気づかないのか？

Echar margaritas a los cerdos
❖ (*Locución verbal*)

Ⓢ Malgastar cosas u acciones de valor con personas que no tienen la capacidad de apreciarlas.
豚に真珠

Ⓔ Regalarle ese libro a Julio ha sido como **echarle margaritas a los cerdos** porque no creo que lo lea.
フリオにあの本をプレゼントするのは豚に真珠だったかしら。きっと読まないでしょうし。

¿Cómo se te ocurre invitar a Ana a cenar en un restaurante francés? Eso es como **echarle margaritas a los cerdos** porque ella sólo come pizza y hamburguesas.
どうしてアナをフレンチのディナーなんかに誘おうと思ったんだ？彼女には猫に小判、だってピザとハンバーガーしか食べないんだぜ。

Echar pestes
❖ (*Locución verbal*)

Ⓢ Hablar muy mal de algo o de alguien.
ひどい悪口を言う

Ⓔ Ayer estuve con Alfredo y se pasó toda la tarde **echando pestes** de sus vecinos.
昨日の午後はずっとアルフレッドが隣近所の悪口を吐いていた。

No quiero **echar pestes** de mi trabajo pero lo cierto es que es muy malo y no me gusta nada.
仕事のことで愚痴を言いたくないけど、実際のところ、最悪でこれっぽっちも好きになれないの。

Echar por la borda
❖ ⟨ *Locución verbal* ⟩

Ⓢ Estropear, arruinar algo.
台無しにする、ぶち壊す

Ⓔ Quería haber ido de vacaciones a España una semana pero la huelga de aviones ha **echado por la borda** mis planes.
休暇で一週間スペインに行きたかったのに、航空会社のストライキのせいで計画が台無しになった。

Le dije que no me parecían buena idea sus planes y se enfadó conmigo diciendo que **había echado por la borda** todas sus ilusiones.
その構想は良くないんじゃないかとやつに言ったら、夢を打ち砕かれたと僕に腹を立てた。

Echar por tierra
❖ ⟨ *Locución verbal* ⟩

Ⓢ Malograr, arruinar algo.
台無しにする

Ⓔ Ya habíamos hecho muchos planes para las vacaciones, pero Tomás los **echó** todos **por tierra** diciendo que él no podía acompañarnos.
既にいろいろと旅行の計画を立てていたのに、トマスが一緒に行けないと言って、すべてをパーにしてくれた。

No sé cómo te las apañas para **echar** siempre **por tierra** las expectativas de los demás.
毎回毎回どうして人の期待を打ち砕くような真似ができるのかわからん。

Echar raíces
❖ ⟨ *Locución verbal* ⟩

Ⓢ Establecerse en un nuevo lugar hasta sentirlo como propio.
定住する、住み慣れる

Ⓔ María ya **ha echado raíces** en Japón. Lleva viviendo allí diez años y se encuentra como en su propio país.
マリアは日本に住み始めて10年になり、もう自分の国のように思えるまで落ち着いた。

Eché raíces en una tierra lejana y ahora me siento extranjera en mi patria.
はるか遠い地に住み慣れて、今では祖国が外国のように感じる。

Echar un cable / un capote
❖ (*Locución verbal*)

Ⓢ Ayudar.
　手伝う、助け船を出す

Ⓔ Si tienes tiempo ¿me puedes **echar un cable** con estos problemas de matemáticas que no entiendo?
　この数学の問題がわからないから、暇があったら助けてくれない？

　Carlos siempre está dispuesto a **echar un capote** cuando se le necesita.
　カルロスは必要なときにはいつでも力になってくれる。

Echar un ojo (☞ echar el ojo p.75 と混同しないように)
❖ (*Locución verbal*)

Ⓢ Mirar o vigilar algo brevemente.
　ちらっと見る、確認する

Ⓔ ¿Puedes **echar un ojo** a ver qué están haciendo los niños?
　子供たちが何をしてるか、ちらっと見てくれる？

　Voy a **echar un ojo** a la calle para comprobar si ha dejado de llover.
　雨がやんだか、ちらっと確認して来るよ。

Echar una mano
❖ (*Locución verbal*)

Ⓢ Ayudar.
　手伝う、手を差しのべる

Ⓔ ¿Me puedes **echar una mano** con la comida? Es que es muy tarde y todavía no he preparado la ensalada de apio.
　お料理を手伝ってもらえる？もう遅いのに、まだセロリのサラダを作ってないのよ。

　¿Quieres que te **eche una mano**?
　ちょっと手伝ってくれないかい？

El oro y el moro

�֍ (*expresion coloquial*) �֍ (*Locución sustantiva*)

Ⓢ Una cantidad excesiva o exagerada de dinero.
とてつもない額

Ⓔ Nos prometió **el oro y el moro** por aquel trabajo y después no nos dio ni las gracias.
その仕事で莫大な金を約束されたのに、一銭も支払われなかった。

En la subasta de arte pagaron **el oro y el moro** por el cuadro de Picasso.
美術品のオークションで、ピカソの絵に途方もない値がついた。

El último grito

�֍ (*Locución sustantiva*)

Ⓢ Lo más moderno.
最新のもの

Ⓔ Lucía ha puesto en su casa una cocina que es **el último grito**.
ルシアは家に最新のキッチンを設置した。

Este grupo musical será **el último grito** pero a mí no me gusta nada. Debo de estar muy anticuada.
流行の最先端を行くバンドなんだろうけど、全然良いと思わない。きっと私が時代遅れなのね。

Empezar la casa por el tejado

❖ (*Locución verbal*)

Ⓢ Empezar un trabajo por el final.
物事の順序をあべこべに行う

Ⓔ Eso que estás haciendo, deberías dejarlo para el final. **Estás empezando la casa por tejado**.
それは一番最後でしょ。やってることの順番が逆だよ。

José siempre **empieza la casa por el tejado**. Luego se extraña cuando las cosas le salen mal.
ホセはいつも後先を取り違えて、後で物事がうまく行かないと首をかしげる。

Empinar el codo

❖ (*Locución verbal*)

Ⓢ Beber alcohol.
酒を飲む

Ⓔ Antonio y Felipe estuvieron **empinando el codo** toda la noche y por la mañana todavía estaban borrachos.
アントニオとフェリペは夜どおし酒を飲んで、お昼頃もまだ二日酔いだった。

¿Dónde estuvisteis ayer? ¿**Empinando el codo**?
昨日はどこ行ってたの？飲み？

En aras de

❀ (*Locución preposicional*)

Ⓢ Con una finalidad u objetivo.
何かの目的のために

Ⓔ José dio su discurso en inglés **en aras de** una mejor comprensión por parte de los asistentes.
出席者がみな、よく理解できるように、ホセは英語で講演をした。

La fiesta fue **en aras de** recaudar fondos con fines benéficos.
慈善活動のための資金を集めるパーティだった。

En ascuas

✿ (*Locución adjetiva*)

Ⓢ Estar preocupado, inquieto ante una noticia o nervioso.
気をもんで、そわそわして

Ⓔ Estoy **en ascuas** esperando el resultado de los exámenes.
試験の結果待ちでそわそわしている。

Tranquilízate. No sirve de nada que estés **en ascuas**. Lo que sea, será.
落ち着け、気をもんでもしょうがないだろ。なるようになるさ。

En menos que canta un gallo
❖ ⟨ Locución adverbial ⟩

Ⓢ Rápidamente.
あっという間に

Ⓔ ¡Espera un poquito! Me arreglo **en menos** de lo **que canta un gallo** y te acompaño.
ちょっとだけ待って！さっと支度して、一緒について行くから。

Le pedí que viniera y se presentó en mi casa **en menos que canta un gallo**.
家に来るよう頼んだら、あっという間に姿を見せた。

En resumidas cuentas
❖ ⟨ Locución adverbial ⟩

Ⓢ En resumen. En conclusión. En consecuencia. Finalmente.
要するに、つまり

Ⓔ Me estuvo explicando su trabajo durante horas y **en resumidas cuentas** es vendedor de coches.
どんな職業なのか延々と説明されたけど、要は、車の販売員だよなあ。

Y todo lo que he hecho por vosotros **en resumidas cuentas** no ha servido de nada.
で、つまり君たちにしてやったことはすべて役に立たなかったのか。

En un abrir y cerrar de ojos
❖ ⟨ Locución adverbial ⟩

Ⓢ Rápidamente.
あっという間に、瞬く間に

Ⓔ Pensé que el viaje sería muy largo pero llegamos **en un abrir y cerrar de ojos**.
長い旅路になるかと思ったが、あっという間に着いてしまった。

Cuando estoy contigo, se me pasa el tiempo **en un abrir y cerrar de ojos**.
君といるときは、時間が矢のように過ぎ去っていく。

En un periquete
⁘ (Locución adverbial)

Ⓢ Rápidamente.
あっという間に

Ⓔ Terminó el trabajo **en un periquete** y se fue a su casa corriendo.
一瞬で仕事を終わらせて、一目散に帰って行った。

Este plato es muy fácil de cocinar y se prepara **en un periquete**.
このお料理は手軽で、あっという間にでき上がる。

En un santiamén
⁘ (Locución adverbial)

Ⓢ En un instante. Rápidamente.
あっという間に

Ⓔ Hemos pintado toda la casa **en un santiamén**.
たちまちのうちに家全体を塗り上げた。

Le pregunté si quería ayudarme y no tardó ni **un santiamén** en hacerlo.
手伝ってくれないかと頼んだら、あっという間にやってくれた。

Encogerse de hombros
❖ (Locución verbal)

Ⓢ Mostrar indiferencia o desconocimiento.
肩をすくめる（無知または無関心を表す）

Ⓔ A José le da todo igual. Le preguntes lo que le preguntes, él siempre **se encoge de hombros**.
ホセはすべてのことに無関心で、何を質問しようと、きまって肩をすくめる。

Le pregunté al profesor cuál de los dos libros era mejor pero **se encogió de hombros** y no me respondió.
教授にどっちの本が良いか訊いたら、肩をすくめて答えてくれなかった。

Engañar como a un chino

❖ ⌈ *Locución verbal* ⌉

Ⓢ Engañar por completo y fácilmente a una persona.
いとも簡単にだます

Ⓔ Carmen es muy inocente, siempre la **engañan como a una china**.
カルメンはうぶで、いつもころりとだまされる。

Me hubiese gustado **engañarte como a un chino** pero eres demasiado listo.
簡単にだましてやりたかったけど、あなた、頭の回転が速すぎだわ。

Entrar por un oído y salir por otro

❖ ⌈ *Locución verbal* ⌉

Ⓢ No hacer caso de los consejos que se reciben.
聞き流す、右の耳から左の耳に抜ける

Ⓔ Es inútil hablar con Rosa. Todo lo que le decimos, le **entra por un oído y le sale por el otro**.
ローサに話しかけても意味ないよ。何を言っても、右の耳から左の耳に抜けていくんだから。

No vas a convencerme. Lo que me dices, me **entra por un oído y me sale por el otro**.
言い負かされないぞ。おまえの言うことなんか、聞くもんか。

Entrar por el aro

❖ ⌈ *Locución verbal* ⌉

Ⓢ Obedecer en contra de la propia voluntad.
（意に反して）従う

Ⓔ Si el niño no **entra por el aro**, no nos quedará más remedio que castigarle.
大人しくいい子にしないのなら、お仕置きするしかないわね。

Voy a hacer lo que yo quiera. Yo no tengo que **entar por tu aro**.
僕は自分のやりたいようにやるよ。言いなりになる必要なんてないもんね。

Entre pitos y flautas
❖ (Locución adverbial)

Ⓢ Por una cosa y otra. Por varias razones.
なんだかんだで、あれやこれやで

Ⓔ Fui al supermercado sólo a comprar leche y **entre pitos y flautas** tardé tres horas en regresar a casa.
牛乳だけ買うつもりでスーパーに行ったのに、なんだかんだで、3時間も家を空けてしまった。

Ayer quería acostarme pronto pero **entre pitos y flautas** me dieron las dos de la madrugada.
昨日は早く寝たかったのに、なんやかんやで、午前2時になってしまった。

Erre que erre
❖ (Locución adverbial)

Ⓢ Actuar tercamente, de forma porfiada.
頑固に、しつこく

Ⓔ Le dijimos mil veces que estaba equivocado, pero él siguió **erre que erre** sin escucharnos.
間違っていると何千回も言ったのに、彼は頑として聞き入れなかった。

Tomás no quiere reconocer que está enfermo y ahí sigue **erre que erre** sin ir al médico.
トマスは病気だと認めたくないらしく、頑なに病院に行かずにいる。

Escurrir el bulto
❖ (Locución verbal)

Ⓢ Evitar hacer un trabajo u obligación.
（仕事や義務などから）逃げる

Ⓔ Cada vez que hay que hacer un trabajo importante, Miguel **escurre el bulto**.
重要な作業をする必要がでる度に、ミゲルはきまっていなくなる。

Estoy harta de que **escurras el bulto** cada vez que te necesitamos.
助けが必要なときに限っていなくなる彼には、もう愛想が尽きた。

Estar la cosa que arde
❖ ⌈ *Locución verbal* ⌉

Ⓢ Cuando hay mucha tensión o es posible que se inicie una discusión o disputa.
事態が緊迫している

Ⓔ En la reunión **está la cosa que arde**. Ninguna de las partes quiere ceder para llegar a un acuerdo.
両者とも合意に達するための妥協をしようとせず、会合では議論が紛糾している。

Está la cosa que arde en el partido. Faltan dos minutos y cualquiera de los equipos puede ganar.
まさに白熱した試合だ。残り2分で、いずれのチームが勝ってもおかしくない。

Estar a la que salta
❖ ⌈ *Locución verbal* ⌉

Ⓢ Estar dispuesto a aprovechar cualquier oportunidad que se presente.
好機を待ち構えている、抜け目がない

Ⓔ Ángel siempre **está a la que salta** para ganar dinero.
アンヘルは金儲けのチャンスを虎視眈々と狙っている。

Si no **estás a la que saltas**, tus rivales se llevarán el gato al agua. (☞ p.115)
うかうかしてると、ライバルとの競争に負けちゃうよ。

Estar a las duras y a las maduras
❖ ⌈ *Locución verbal* ⌉

Ⓢ Estar dispuesto a aceptar los inconvenientes o perjuicios de la misma forma que las ventajas o beneficios.
清濁併せのむ

Ⓔ Si no **estás a las duras y a las maduras**, será mejor que no vengas con nosotros.
選り好みするくらいだったら、私たちと来ない方がいい。

Siempre se puede contar con Carlos porque **está a las duras y las maduras**.
カルロスは度量が大きいから、どんなときでも話しかけられる。

Estar al cabo de la calle
❖ (*Locución verbal*)

Ⓢ Estar enterado de algo.
事情に精通している

Ⓔ José siempre **está al cabo de la calle** de lo que pasa en el pueblo.
ホセは常に村の事情に精通している。

Luis no **estaba al cabo de la calle** y por eso no pudo ir a la reunión.
かやの外にいたルイスは、その集まりに行けなかった。

Estar a partir un piñón
❖ (*Locución verbal*)

Ⓢ Llevarse muy bien con otra persona.
親密な仲である

Ⓔ Teresa y Fátima **están a partir un piñón**, así que si viene una, también vendrá la otra.
テレサとファティマは大の仲良しだから、一方が来たら、もう一方も来るよ。

Luis y Carlos no se hablan a pesar de que siempre **han estado a partir un piñón**. No sé que les ha pasado.
ルイスとカルロスはすごく仲が良かったのに、どうしたことか、お互い口をきかない。

Estar al pie del cañón
❖ (*Locución verbal*)

Ⓢ Permanecer en un lugar o trabajo normalmente difícil o desagradable.
（仕事などを）放棄せずに頑張る

Ⓔ Mientras duró la enfermedad de su madre, María **estuvo al pie del cañón** en el hospital, sin descansar ni un solo día.
母親の病気が治るまで、マリアは毎日病院で付きっきりだった。

Es mejor que Enrique no haga ese trabajo porque es incapaz de **permanecer al pie del cañón** mucho tiempo.
エンリケは長時間の作業に耐えられないから、この仕事に就かない方がいい。

Estar al quite

❖ (Locución verbal)

Ⓢ Estar preparado para actuar si fuera necesario.
（助ける）用意ができている

Ⓔ No te preocupes por nada; yo **estaré al quite** por si me necesitas.
何にも心配しなくていいんだよ、必要なときはすぐ助けてあげられるから。

En el hospital, las enfermeras siempre **están al quite** por si un enfermo las llama.
病院では、ナースコールに備えて、常に看護師が待機している。

Estar al tanto

❖ (Locución verbal)

Ⓢ Estar enterado de algún asunto o noticia.
（出来事などを）知っている

Ⓔ No **estaba al tanto** de que José y María se habían divorciado.
ホセとマリアが離婚していたとは知らなかった。

Rosa siempre **está al tanto** de todo. Es una cotilla de mucho cuidado.
ローサはあらゆる事情に通じている。あの噂好きには要注意だ。

Estar a sus anchas

❖ (Locución verbal)

Ⓢ Estar cómodo en algún lugar o situación.
くつろぐ、伸び伸びとする

Ⓔ Muchas gracias por tu hospitalidad. Me he sentido **a mis anchas** en tu casa.
本当にお世話になったな。おかげで、ゆったりとくつろげたよ。

Javier tiene una gran capacidad de adaptación y en cualquier sitio se **encuentra a sus anchas**.
ハビエルはどんな場所でも順応しリラックスできる、すごい才能を持っている。

Estar chapado a la antigua
❖ ⌈ *Locución verbal* ⌉

Ⓢ Se dice de las personas que tienen comportamientos o costumbres anticuadas o pasadas de moda.
（考え方や習慣が）古くさい、時代遅れである

Ⓔ Pablo **está chapado a la antigua** y no le gusta que su mujer trabaje.
パブロは考え方が古風で、妻が働くのを嫌う。

Tú **estás** demasiado **chapado a la antigua**. ¿No sabes que ahora es normal que los jóvenes vivan juntos sin casarse?
ちょっと考え方が古いよ。最近は、若い人が結婚せずに親と同居するのは普通だって知らないの？

Estar chupado
✪ ⌈ *Locución adjetiva* ⌉

Ⓢ Ser muy fácil.
とても簡単である

Ⓔ Este trabajo **está chupado**. Creo que lo haré en un periquete.
(☞ p.83)
こんな仕事は朝飯前だ。一瞬で出来るだろうよ。

¿Quién dijo que el español **estaba chupado**? Yo creo que es muy difícil.
スペイン語は簡単だなんて誰が言ったんだ？すごく難しいと思うけどなあ。

Estar como un cencerro / como una cabra / como una regadera
❖ ⌈ *Locución verbal* ⌉

Ⓢ Estar loco. Hacer cosas inusuales o impensables para otras personas.
頭がおかしい

Ⓔ Eduardo **está como un cencerro** ¿Sabías que tiene una oveja en su apartamento?
エドゥアルドは頭がおかしいんじゃないか。あいつがマンションに羊を飼ってること、知ってたか？

Tú **estás como una cabra**. ¿Cómo vas a ir de Pekín a Madrid en autobús?
バスで北京からマドリードまで行こうなんて、おまえ、狂ってるよ。

Estar con la mosca detrás de la oreja

❖ (*Locución verbal*)

Ⓢ Tener sospechas.
怪しむ、疑問に思う

Ⓔ Estamos preparando una sorpresa para el cumpleaños de Marta pero creo que ella **está con la mosca detrás de la oreja**.
マルタの誕生日にサプライズを準備しているのだけど、彼女はうたぐっているのではないかと思う。

Los niños todavía no están seguros pero ya **están con la mosca detrás de la oreja** sobre Santa Claus.
子供たちはサンタクロースの存在を心のどこかで怪しんでいる。

Estar con la soga al cuello

❖ (*Locución verbal*)

Ⓢ Estar en una situación crítica, de difícil solución.
窮地に陥っている、危機に瀕している

Ⓔ Por culpa de la crisis económica, hay muchas empresas **con la soga al cuello**.
この経済危機により、多くの企業が経営難に陥っている。

Si no quieres **estar** el día de mañana **con la soga al cuello**, más vale que soluciones hoy los problemas.
この先ピンチに陥りたくなかったら、今のうちに問題を解決しておいた方がいいよ。

Estar criando malvas

❖ (*Locución verbal*)

Ⓢ Estar muerto.
死んだ、くたばった

Ⓔ El abuelo de Martín debe de llevar ya varios años **criando malvas**.
マルティンの祖父さんは、もう何年も前に死んでいるはずだ。

Si sigues fumando dos cajas de tabaco al día, **estarás** dentro de poco **criando malvas**.
毎日2箱も吸い続けたら、そのうち逝っちまうぞ。

Estar curado de espantos

❖ (Locución verbal)

Ⓢ No sorprenderse por nada.
何事にも驚かない

Ⓔ Eso que me dices de José, no es nada. Yo le conozco desde hace años y ya **estoy curada de espantos**.
それがどうした。ホセのことはもう何年も前から知っているから、そんなことでは驚かない。

Después de vivir en Japón diez años ya **estoy curado de espantos**.
日本に住んで10年にもなると、もうめったなことでは驚かない。

Estar de bote en bote

❖ (Locución verbal)

Ⓢ Estar lleno de gente.
ぎゅうぎゅう詰め

Ⓔ Ayer fui a los grandes almacenes y **estaban de bote en bote** porque habían empezado las rebajas.
昨日デパートに行ったら、バーゲンセールが始まっていて、押し合いへし合いの混雑ぶりだった。

A esta hora los trenes **están de bote en bote** porque es la hora de ir a trabajar.
通勤の時間帯なので、電車はすし詰め状態だ。

Estar de más

❖ (Locución verbal)

Ⓢ Sobrar.
余計である

Ⓔ **Está de más** que nos expliques eso. Todos hemos entendido lo que te propones hacer.
そんな説明はしなくていいよ。みんな、君の提案はちゃんと理解しているから。

Lo sabemos todo. **Está de más** que digas que tú no has tenido nada que ver en ese asunto.
すべてお見通しだから、その件とはまったく無関係だなんて言い張るだけ無駄。

Estar de uñas

❖ ⌈ *Locución verbal* ⌉

Ⓢ Estar enfadado.
怒っている

Ⓔ No sabemos que le ha pasado a Rosa pero lo cierto es que **está de uñas** con nosotros.
ローサがどうしちゃったのか知らないけど、私たちに腹を立てているのは確かね。

No te pongas **de uñas** ¿no te das cuenta de que no ha sido más que un malentendido?
そう怒るなよ。ただの誤解だったことくらい、わかるだろう？

Estar en alza

❖ ⌈ *Locución verbal* ⌉

Ⓢ Estar de moda. Ser popular.
流行っている、上昇中

Ⓔ Ya sé que ahora **está en alza** hablar del calentamiento del planeta, pero a mí me parece que cada año hace más frío.
地球温暖化が騒がれているのは知っているけど、僕は年々寒くなっているような気がするんだよなあ。

Parece que **está en alza** el oro. Yo he invertido en oro todos mis ahorros.
金相場が上昇中らしく、私は貯金をすべて金に投資した。

Estar en Babia / en la higuera / en las nubes

❖ ⌈ *Locución verbal* ⌉

Ⓢ Estar despistado o distraído. Estar pensando en otra cosa.
上の空である

Ⓔ Carmen **está** siempre **en Babia** durante la clase y no se entera de nada.
カルメンは授業中によく白昼夢を見ており、周りのことにまったくきづかない。

Este niño es muy despistado. Parece que siempre **está en la higuera**.
この子は注意散漫で、いつもぼんやりと上の空のように見える。

Estar en candelero
❖ ╭Locución verbal╮

Ⓢ Ser el tema de conversación de todo el mundo. Ser popular. Estar de moda.
脚光を浴びている、人気である

Ⓔ Los deportistas **están en candelero** gracias a los Juegos Olímpicos.
オリンピックのおかげで、スポーツ選手が脚光を浴びている。

Esa actriz siempre **está en candelero** por su escandalosa vida.
その女優はスキャンダルの数々で、常に注目を集めている。

Estar en la cuerda floja
❖ ╭Locución verbal╮

Ⓢ Estar en una situación peligrosa.
危機に瀕している、危険にさらされている

Ⓔ El aumento del precio del petróleo ha hecho que muchas empresas **estén en la cuerda floja**.
原油価格の高騰により、多くの企業が経営危機に瀕している。

¿Realmente piensas que vuestra amistad **está en la cuerda floja**?
おまえらの友情、まじでやばい状態なの？

Estar en los huesos
❖ ╭Locución verbal╮

Ⓢ Estar muy delgado. Muy debilitado. Escaso.
ガリガリに痩せている；衰弱している；不足している

Ⓔ María ha hecho una dieta severísima y se ha quedado **en los huesos**.
マリアは無理なダイエットをして痩せこけてしまった。

Me abandonó y me dejó el corazón **en los huesos**.
彼女に振られて、心が空っぽになった。

Estar en medio como un jueves
❖ (*Locución verbal*)

Ⓢ Cuando una persona o un objeto se encuentra en un lugar donde estorba. En el centro de alguna situación donde no debería estar.
人（物）が邪魔な場所にいる（ある）

Ⓔ Has dejado la maleta **en medio como un jueves**. Por favor, ponla donde no estorbe.
スーツケースが場所をふさいでいるから、お願い、邪魔にならないところに置いて。

¡Mira que siempre **estás en medio como un jueves**! Haz el favor de apartarte.
いつもいつも邪魔しに来るんだから！どっか行ってちょうだい。

Estar entre dos fuegos
❖ (*Locución verbal*)

Ⓢ Estar entre dos situaciones comprometidas y no saber como solucionar ninguna de ellas.
板ばさみになっている

Ⓔ José **está entre dos fuegos**: Por un lado, está enamorado de Marga, pero por otro, no quiere romper su compromiso con María.
ホセは板ばさみになっている。マルガに恋をしている一方で、マリアとの婚約も破棄したくない。

Estoy entre dos fuegos porque no sé si seguir en un trabajo que no me gusta o empezar otro con el salario más bajo.
このまま嫌な仕事を続けるべきか、他の給料が安い仕事に変わるべきかわからず、考えあぐねている。

Estar entre la espada y la pared
❖ (*Locución verbal*)

Ⓢ Estar en una situación de la que es difícil salir. Estar acorralado.
進退きわまる

Ⓔ Luisa **está entre la espada y la pared**: Tiene que elegir entre su familia o su novio.
ルイサは家族と恋人の間でジレンマに陥っている。

Por favor, no me pongas **entre la espada y la pared**. No me hagas optar entre el plan de Antonio y el tuyo.
頼むから、君かアントニオの案を選ばせるような、苦しい立場に追い込まないでくれよ。

Estar entre Pinto y Valdemoro

❖ (Locución verbal)

Ⓢ No saber decidirse por una opción u otra.
（2つの選択肢の間で）心を決めかねている

Ⓔ La semana que viene nos vamos de vacaciones y todavía **estamos entre Pinto y Valdemoro**: No sabemos si ir a Madrid o a Barcelona.
来週旅行するというのに、いまだにマドリッドとバルセロナのどちらに行くべきか逡巡している。

¡Decide ya qué vas a comer! Llevas diez minutos **entre Pinto y Valdemoro** con el menú.
何にするのかさっさと決めてよ！ メニューを前に10分も悩んでいるじゃない。

Estar hasta la coronilla

❖ (Locución verbal)

Ⓢ Estar harto.
うんざりしている

Ⓔ **Estoy hasta la coronilla** de que te comportes como un niño.
おまえが子供のようにふるまうのは、もうたくさんだ。

Estamos hasta la coronilla de que siempre llegues tarde a las citas. El próximo día no te esperaremos.
いつも約束に遅れて来るのはうんざりだ。次は待ってやらないから。

Estar hasta las narices

❖ (Locución verbal)

Ⓢ Estar harto.
うんざりしている、辟易している

Ⓔ Yo también **estoy hasta las narices** de que no me respondas.
私だって、あなたが返事してくれないのには、もう飽き飽きよ。

Si **estás hasta las narices** de mí, lo mejor será que te vayas.
俺に厭きたのなら、出て行ったらどうだ？

Estar hecho polvo
❖ ⌈ *Locución verbal* ⌉

Ⓢ Estar muy cansado. Estar anímicamente mal.
（肉体的・精神的に）くたくたである、ぼろぼろである

Ⓔ Llevo trabajando 12 horas seguidas y **estoy** ya **hecha polvo**.
12時間休まず働いて、もうくたくただわ。

Ayer fui a visitar a Manuel y lo **encontré hecho polvo**, con un resfriado de caballo. (☞ p.62)
昨日、マニュエルに会いに行ったら、ひどい風邪でふらふらしていた。

Estar hecho un adefesio
✢ ⌈ *expresion coloquial* ⌉

Ⓢ Ir mal vestido, de forma descuidada o extravagante.
ひどい格好をしている

Ⓔ No sé cómo no te da vergüenza salir a la calle con esa pinta. ¡Si **vas hecho un adefesio**!
そんな姿で街に出て、恥ずかしくないのか！まったくひどい格好だ！

Alguien debería decirle a Teresa que con ese maquillaje que se ha puesto **está hecha un adefesio**.
その化粧はひどすぎると誰かテレサに教えてやれよ。

Estar pendiente de un hilo
❖ ⌈ *Locución verbal* ⌉

Ⓢ Una situación poco segura o de peligro.
とても危険な状態にある

Ⓔ Hay varios heridos graves cuya vida **pende de un hilo**.
瀕死の重傷者が数人出ている。

La situación en la empresa es crítica y hay varios puestos de trabajo **pendientes de un hilo**.
会社は危機的な状況にあり、多くの社員の首が危うい。

Estar que trina
❖ *Locución verbal*

Ⓢ Estar muy enfadado.
激怒している

Ⓔ José **está que trina** con su jefe y con la situación en la empresa.
ホセは自分のボス、そして会社の状態にひどく苛立っている。

Estamos que trinamos con nuestros vecinos porque siempre dejan su coche aparcado delante de nuestro garaje.
いつもうちの車庫の前に車を停める隣人に、私たちは怒り心頭だ。

Estar *una persona* que muerde
❖ *Locución verbal*

Ⓢ Estar muy enfadado.
激怒している

Ⓔ Manuel **está que muerde** con su mujer porque le han puesto una multa de tráfico.
交通違反の切符を切られてしまった妻に、マニュエルはぷんぷんしている。

No sé por qué **estás que muerdes** conmigo. Yo no te he hecho nada.
なんで僕に激怒しているんだ、何もしていないのに。

Estar verde
❖ *Locución verbal*

Ⓢ Que todavía no tiene la experiencia necesaria.
未熟である

Ⓔ No te enfades con Raquel. Ha empezado a trabajar hace poco y todavía **está** un poco **verde**.
ラケルに腹を立てるなよ。まだ働き始めて日が浅いから、経験不足なんだ。

¿Me puedes ayudar a aparcar el coche? Es que he sacado el carné de conducir hace un mes y todavía **estoy** un poco **verde**.
駐車を手伝ってもらえる？先月免許を取ったばかりで、ちょっと慣れていないんだ。

Estirar la pata
❖ (*Locución verbal*)

Ⓢ Morirse.

死ぬ、くたばる

Ⓔ Todos pensaban que el abuelo iba a **estirar la pata** pero se recuperó milagrosamente.

みんなは、祖父さんが死んじまうんじゃないかって思っていたけど、奇跡的に持ち直した。

Juan es muy previsor. Dice que ya ha dejado todo arreglado para cuando **estire la pata**.

ホアンは用意周到で、お迎えが来たときのために身の回りの整理をしておいたんだとよ。

F

Falta de rigor

❖ ⟨ *Locución verbal* ⟩ *ser una falta de rigor* の形で

❖ ⟨ *Locución adverbial* ⟩ *con falta de rigor* の形で

Ⓢ Sin propiedad ni precisión. Sin seriedad.
いい加減、杜撰

Ⓔ Eso que has dicho **ha sido una falta de rigor**. Piensa bien las cosas antes de hablar, por favor.
あんたの言ったことはいい加減だね。よく考えてからしゃべってよ、ね？

El conferenciante habló **con** una gran **falta de rigor** y quedó claro que no estaba cualificado para dar la conferencia.
その講演者はまったくもっていい加減な話をして、適任でないのは明らかだった。

Fumar en pipa

❖ ⟨ *Locución verbal* ⟩

Ⓢ Estar enfadado.
怒っている

Ⓔ Pedro está que **fuma en pipa** porque tiene que estudiar y sus hermanos hacen mucho ruido.
勉強しなければならないのに、弟たちがうるさくて、ペドロは頭に来ている。

Están todos que **fuman en pipa** por los problemas del tráfico de esta calle.
ここの通りの交通問題には誰もがいらいらしている。

H

Haber gato encerrado
❖ ⟦ Locución verbal ⟧

Ⓢ Cuando existe una razón oculta que no se quiere desvelar.
裏がある

Ⓔ No me fío de la propuesta que nos han hecho. Me parece que **hay gato encerrado**.
彼らの申し出は何か裏がありそうで信用できない。

Es imposible que este viaje sea tan barato. ¡Verás como al final **hay gato encerrado**!
この旅行がこんな安いなんてありえない。きっと何か秘密が出てくるぞ！

Haber ropa tendida
❖ ⟦ Locución verbal ⟧

Ⓢ Se usa para indicar que se está en presencia de personas (normalmente niños) ante las que no se debe hablar de algún tema.
話を聞かれては困る人がいる、という表現

Ⓔ ¿No ves que **hay ropa tendida**? Espera a que los niños se vayan a dormir para hablar de ese tema.
その話題はやめない？あの子たちが寝るまでちょっと待って。

Lo siento, Carmen. Ahora **tengo** la **ropa tendida**. Luego te llamo por teléfono y seguimos con esta conversación.
カルメン、すまん。今ちょっとまずい。また後で電話するから、それから続きを話そう。

Hablar en plata
❖ ⟦ Locución verbal ⟧

Ⓢ Hablar con claridad. Decir la verdad.
はっきり言う

Ⓔ Vamos a **hablar en plata** y vamos a aclarar esta situación.
フランクに話して、状況をはっきりさせよう。

Tendrás que **hablarnos en plata** si quieres que te entendamos.
理解して欲しいのなら、はっきりと話してくれなきゃダメだよ。

Habló Blas, punto redondo

✣ (expresion coloquial)

Ⓢ Es una respuesta irónica a quien cree tener siempre razón.
誰かの言うとおりだ、と皮肉って言う言葉

Ⓔ ¿Ah sí? ¡O sea, que yo estoy equivocada! ¡Claro, **habló Blas, punto redondo**!
あっ、そう？だからこっちが間違っているってことね。はいはい、あなたの仰る通りです。

Ya sabes que Antonio siempre quiere llevar razón. **Habló Blas, punto redondo**.
アントニオは理屈っぽいんだよ。勝手に言ってろ、って感じ。

Hacer *algo* a hurtadillas

✣ (Locución verbal)　いろいろな動詞と共に

Ⓢ Hacer algo sin que nadie se dé cuenta. A escondidas.
こっそりと行う

Ⓔ Paco entró en casa **a hurtadillas** para que sus padres no se dieran cuenta de lo tarde que era.
夜遅く帰ったことを両親に気づかれぬよう、パコはそっと家に忍び込んだ。

El día de Navidad intentamos poner los regalos **a hurtadillas** pero los niños nos descubrieron.
クリスマスには、こっそりとプレゼントを置くつもりだったのに、子供たちに見つかってしまった。

Hacer buenas migas

✣ (Locución verbal)

Ⓢ Tener una buena relación con otra persona.
仲が良い、気が合う

Ⓔ Pero si vosotras siempre habéis **hecho buenas migas** ¿Por qué ahora no os habláis?
あなたたち、いつも仲が良かったのに、どうしてケンカしているの？

María y yo **hicimos buenas migas** desde el mismo momento en que nos conocimos.
マリアと私は、知り合ったその瞬間から意気投合した。

Hacer caso omiso

❖ ⌈ *Locución verbal* ⌉

Ⓢ No hacer caso o ignorar algo de forma premeditada.
意図的に無視する

Ⓔ Le di las instrucciones por escrito para que no se le olvidaran y él **hizo caso omiso.**
忘れないように指示を書いて渡したのに、やつはわざと無視しやがった。

No esperes que haga lo que le has pedido porque siempre **hace caso omiso** de todo cuanto se le dice.
彼に頼んだことをやってもらえると期待するな。何を言おうとことごとく無視するような人間だから。

Hacer chapuzas

❖ ⌈ *Locución verbal* ⌉

Ⓢ Hacer reparaciones domésticas.
家の修繕をする

Ⓔ Estuve todo el fin de semana entretenida **haciendo chapuzas** en casa.
週末はずっと日曜大工で忙しかった。

Dejó el trabajo de la oficina y ahora se dedica a **hacer chapuzas** a domicilio.
事務職を辞めて、今は家の修理屋をやっている。

Hacer de la capa un sayo

❖ ⌈ *Locución verbal* ⌉

Ⓢ Hacer en cada momento lo que uno quiere. Obrar con excesiva libertad sin consultar con nadie ni escuchar consejos.
好き勝手に振る舞う

Ⓔ Juan se ha ido de su casa **haciendo de su capa un sayo.**
ホアンは勝手に家を出て行った。

No puedes **hacer de tu capa un sayo** si quieres continuar perteneciendo a este club. Las normas son para todos.
これからもこのクラブに居たいなら、やりたい放題っていうのはダメだろ。規則は全員に適用されるのだよ。

Hacer de tripas corazón

❖ (Locución verbal)

Ⓢ Esforzarse en ocultar el desagrado, el miedo, la tristeza, el cansancio, etc. y continuar con normalidad.
平静を装う

Ⓔ A pesar de que no soporto a Sara, **hice de tripas corazón** y estuve con ella toda la tarde.
サラといるとむかむかするけど、平気な顔を装って、午後はずっと彼女と過ごした。

Después de la muerte de su hermano, **hizo de tripas corazón** y fue a trabajar como de costumbre.
兄が死んだ後も、気丈に振る舞って、いつものように仕事に行った。

Hacer el agosto

❖ (Locución verbal)

Ⓢ Ganar mucho dinero en poco tiempo con algún negocio.
ぼろ儲けする、荒稼ぎする

Ⓔ Me dijo que su hermano **había hecho el agosto** con aquel negocio en Sevilla.
彼女が言うには、お兄さんがセビリアでビジネスをして大儲けしたそうだ。

Pensaba que **iba a hacer el agosto** con aquel negocio pero, al final, fue una ruina.
その商売でぼろ儲けしようと思っていたら、大失敗に終わった。

Hacer hincapié

❖ (Locución verbal)

Ⓢ Insistir.
強調する

Ⓔ Quiero **hacer hincapié** en las condiciones del trabajo para que no haya malentendidos en un tema tan importante.
重要事項だから誤解がないように、労働条件を繰り返し言っておきたいのだが。

Creo que no **he hecho** suficiente **hincapié** en la importancia de terminar el trabajo en la fecha prevista.
どうやら仕事を期日までに終わらせることの重要性を強調し足りなかったようだな。

Hacer la pelota

❖ ⌜ Locución verbal ⌝

Ⓢ Adular a una persona con el objetivo de obtener sus favores.
ごまをする

Ⓔ Es inútil que me **hagas la pelota**. Esta vez no voy a perdonarte.
おべっかを使っても無駄だ。今回はもう許してやらん。

Marcos, siempre que quiere que le prestemos dinero, viene a **hacernos la pelota**.
マルコスはお金を貸して欲しくなると必ずごまをすりに来る。

Hacer la vista gorda

❖ ⌜ Locución verbal ⌝

Ⓢ No querer enterarse voluntariamente de algo.
見て見ぬふりをする

Ⓔ Si no quieres problemas, te conviene **hacer la vista gorda**.
面倒なことに巻き込まれたくなかったら、見なかったことにしておくんだな。

No creo que el profesor **haga la vista gorda** ante un desacato tan grande.
そんなひどく楯突いたら、先生だって黙認しないだろうね。

Hacer novillos

❖ ⌜ Locución verbal ⌝

Ⓢ No ir a la escuela.
学校をずる休みする

Ⓔ Han avisado de la escuela de mi hijo y me han dicho que hoy el niño **ha hecho novillos**.
今日はお宅の息子さんがサボっているようです、と学校から連絡があった。

Si vuelves a **hacer novillos**, te llevaré a un colegio interno.
今度学校をサボったら、全寮制の学校にやるわよ。

Hacer otro tanto

❖ *Locución verbal*

Ⓢ Responder al comportamiento de una persona con un comportamiento similar.
他人と同じことをする、真似をする

Ⓔ Si no quieres ayudarme, no pasa nada; pero cuando necesites mi ayuda, yo **haré otro tanto**.
手伝いたくないならそれでもいいよ。でもこっちも頼まれても手伝わないからね。

Mis vecinos plantaron tomates en el jardín y a mi marido le pareció buena idea e **hizo otro tanto**.
お隣が庭にトマトを植えたのを見た夫は、いいアイデアだと言って真似をした。

Hacer pucheros

❖ *Locución verbal*

Ⓢ Hacer como si se fuera a llorar.
泣きべそをかく

Ⓔ Este niño **hace pucheros** por cualquier cosa.
この子はちょっとしたことでもすぐ泣きそうになる。

¡No me **hagas pucheros**, porque no te voy a comprar más juguetes!
どのみちオモチャは買ってやらないんだから、泣きべそをかくな!

Hacer sombra

❖ *Locución verbal*

Ⓢ Sobrepasar a otra persona, con la que hay cierta competitividad, en cualquier ámbito.
(他の者より優って) 目立たなくする

Ⓔ José detesta que le **hagan sombra**, por eso no puede trabajar con nadie.
ホセは他人より劣ることに我慢できず、したがって、誰とも一緒に働けない。

Carmen ha dejado la clase porque no soportaba que la nueva alumna le **hiciera sombra**.
カルメンは新しい転入生の前ではかすんでしまうので、それに我慢できず教室を立ち去った。

Hacer un pan como unas tortas
❖ ⌜Locución verbal⌝

Ⓢ Hacer mal algo que se quería hacer bien.
しくじる、下手をする

Ⓔ Se puso a podar los árboles del jardín e **hizo un pan como unas tortas**.
庭木を剪定し始めたら、しくじってしまった。

Me parece que si le pones ese ingrediente a la paella, **vas a hacer un pan como unas tortas**.
その具材をパエリヤに入れたら、失敗作になると思うよ。

Hacer una escena
❖ ⌜Locución verbal⌝

Ⓢ Organizar un escándalo con el fin de conseguir algún objetivo.
大騒ぎする、芝居がかった振る舞いをする

Ⓔ El niño **hizo una escena** terrible en la tienda porque quería que le compraran una bicicleta.
その子は自転車を買ってもらいたくて、店の中でわめいた。

Cuando Ricardo sale con sus amigos, Pilar siempre le **hace una escena**.
リカルドが友達と遊びに出かけると、ピラールは大げさにブーブー言う。

Hacerse el sueco
❖ ⌜Locución verbal⌝

Ⓢ No querer entender.
とぼける、わからないふりをする

Ⓔ Se lo expliqué todo claramente, pero él **se hizo el sueco**.
すべて明快に説明したのに、彼はわからないふりをした。

Cuando algo no me conviene, siempre **me hago la sueca**.
何か都合が悪くなったら、とぼけることにしている。

Hasta el lucero del alba

✱ (*Locución sustantiva*)

Ⓢ Todo el mundo. Normalmente se usa con verbos como enterarse, saberlo, decírselo, oírlo.
誰も彼も、一人残らず

Ⓔ Carlos no quería que nadie supiera que le había tocado la lotería, pero en el pueblo se enteró **hasta el lucero del alba**.
カルロスは宝くじに当たったことを誰にも知られたくなかったが、村中に知れ渡ってしまった。

Mercedes es muy cotilla. Si le cuentas algún secreto, se lo dirá **hasta al lucero del alba**.
メルセデスは本当に噂好きで、人の秘密を語り出すと、誰彼かまわず言いふらしてしまう。

Hasta el rabo todo es toro

✱ (*expresion coloquial*)

Ⓢ Hasta que no termina una situación completamente existe el peligro del fracaso.
すべてが終わるまで成否はわからない

Ⓔ Has hecho muy bien los exámenes difíciles pero no te descuides. Ya sabes que **hasta el rabo todo es toro** y todavía puedes fallar en los fáciles.
難しい試験はどれも素晴らしいできだったけど、油断するなよ。最後の最後に簡単な試験をしくじるかもしれないからな。

Sí, vamos ganando dos cero, pero aún quedan quince minutos de partido y **hasta el rabo todo es toro**.
もちろん2対0で勝ってはいるけど、まだ試合時間は15分残っているし、最後まで何があるかわからないよ。

Hasta los topes

❖ (*Locución adverbial*)　estar と共に

Ⓢ Estar lleno de gente o de cosas.
ぎっしりと、満杯

Ⓔ Queríamos haber cenado en aquel restaurante pero estaba **hasta los topes** y no teníamos reserva.
あのレストランで食事したかったのだけど、満席でしかも予約をしていなかった。

Esa estantería está **hasta los topes** y ya no cabe ni un libro más.
その本棚は本がぎっしりと詰まっていて、もう一冊も入らない。

I

Importar un bledo
❖ ⌈ *Locución verbal* ⌉

Ⓢ No importar.
どうでもよい、気にしない

Ⓔ Me **importa un bledo** lo que digas y lo que hagas.
君が何を言おうがしようが興味ない。

María nunca cambiará; además, le **importa un bledo** lo que la gente piense de ella.
きっとマリアはずっと変わらないよ。しかも、人にどう思われようが、気にしないし。

Ir a misa
❖ ⌈ *Locución verbal* ⌉

Ⓢ Algo que es absolutamente cierto y debe tenerse en cuenta.
確実である、間違いない、正論である

Ⓔ Creo que todo lo que nos ha dicho Lucas **va a misa**, así que será mejor que lo tengamos en cuenta.
ルーカスが言ったことはすべてもっともだと思うから、それは考慮に入れた方がいいだろう。

Pero ¿quién te ha dicho a ti que eso **va a misa**? Yo creo que es mentira.
でも、誰が本当だなんて言ったよ？俺は嘘だと思うがな。

Ir al grano
❖ ⌈ *Locución verbal* ⌉

Ⓢ Fijarse en lo importante y olvidarse de lo superfluo.
本題に入る、核心を突く

Ⓔ Tengo mucha prisa. **Vete al grano** porque no puedo perder toda la tarde escuchando vaguedades.
急いでいるんだから、さっさと要点を話して。回りくどい話に付きあえるほど暇じゃないの。

Da gusto hablar con Carmen porque siempre **va al grano**.
いつでもすぐに本題に入るカルメンとしゃべるのが好きだ。

Ir de la Ceca a la Meca
❖ (*Locución verbal*)

Ⓢ Ir de un sitio a otro sin objetivo aparente.
行ったり来たりする、あちこち歩き回る

Ⓔ No sé que le pasa a Javier. Lleva todo el día **yendo de la Ceca a la Meca** sin hacer nada.
ハビエルはどうしちゃったのか知らないけど、一日中あちこちうろうろしている。

¡Deja de **ir de la Ceca a la Meca**! Me estás poniendo nerviosa.
うろちょろするんじゃない！いらいらするじゃないか。

Ir viento en popa
❖ (*Locución verbal*)

Ⓢ Cuando todo va bien o funciona perfectamente. Sin problemas.
順風満帆である、物事が順調に運ぶ

Ⓔ Parece que el nuevo restaurante que han abierto en nuestra calle **va viento en popa**.
うちの前の通りに開店したレストランはうまくいっているようだ。

Me alegro de que tus estudios **vayan viento en popa** y de que hayas aprobado todos los exámenes.
順調に勉強が進んで、試験にも全部受かったのは喜ばしいな。

Ir a pique
❖ (*Locución verbal*)

Ⓢ Cuando se fracasa.
失敗する

Ⓔ No llevaban ni un año casados cuando su matrimonio se **fue a pique**.
1年と持たずに、結婚は失敗に終わった。

Todavía no entendemos porqué su negocio se **fue a pique**.
どうして彼の事業が失敗したのか、いまだに理解できない。

Irse con la música a otra parte
❖ ⌈ *Locución verbal* ⌉

Ⓢ Cuando alguien está haciendo algo molesto y debe marcharse.
（邪魔なので）よそへ行く

Ⓔ Por favor, **vete con la música a otra parte**. ¿No ves que estoy leyendo y que me molestas?
頼むから、よそへ行ってくれ。読書の邪魔だとわからんかね？

En cuanto vio que no le hacíamos caso, **se fue con la música a otra parte**.
彼は無視されていると見るや、どこかへ去って行った。

J

Jugar con dos barajas
❖ *Locución verbal*

Ⓢ Tener comportamientos o normas de conducta diferentes dependiendo del momento con el objeto de obtener ventaja siempre.
状況に応じてうまく立ち回る、態度を使い分ける

Ⓔ No me fío de lo que dice Julián porque suele **jugar** siempre **con dos barajas** y cambiará de idea en cuanto le convenga.
フリアンの言うことは信じない。あの人、日和見主義で、自分の都合の良いように意見を翻すもの。

Estás **jugando con dos barajas** y ya no confiamos en ti.
おまえ、二枚舌を使っているだろ。もう信じてやらないからな。

Jugar con fuego
❖ *Locución verbal*

Ⓢ Manejar una situación peligrosa de forma inconsciente.
危なっかしい真似をする

Ⓔ José está **jugando con fuego** en su trabajo y va a tener problemas.
ホセは仕事でリスキーなことをしており、今に面倒事になるぞ。

No me gusta **jugar con fuego** así que no cuentes conmigo para ese plan.
僕は火遊びが好きじゃないんだ。そんな計画に乗ると思うなよ。

L

Lavar el cerebro
❖ Locución verbal

Ⓢ Convencer a alguien de algo con argucias, mentiras o insistencia.
洗脳する

Ⓔ Pedro le **ha lavado el cerebro** a Luis y ha conseguido que le preste dinero nuevamente.
ペドロはルイスを言いくるめて、また金を貸してもらった。

No vas a lograr **lavarme el cerebro** por más que insistas.
どんなにしつこく力説しても、俺は惑わされやしない。

Lavar los trapos sucios
❖ Locución verbal

Ⓢ Solucionar los problemas de carácter privado o familiar.
内輪の恥をさらす

Ⓔ No voy a **lavar mis trapos sucios** delante de vosotros. Mis asuntos no os conciernen.
おまえらがいるところで、家庭の問題をさらしたりしないさ。そっちには関係ないからな。

Durante la cena, Isabel se puso a **lavar sus trapos sucios** delante de todos y su familia se enfadó.
夕食中に、イサベルはみんなの前で内輪の恥をさらして、彼女の家族は怒った。

Lavarse las manos
❖ Locución verbal

Ⓢ Desentenderse de algún problema.
責任回避する、知らん顔する

Ⓔ Cuando le pedimos explicaciones por la chapuza del cuarto de baño **se lavó las manos** y nos dijo que habláramos con el aparejador.
バスルームの手抜き工事について説明を求めたら、あの野郎、責任を回避して、建築士に聞けだと。

No puedes **lavarte las manos** porque tú has sido el causante de todo.
あんたが張本人なんだから、知らん顔するんじゃないよ。

Levantar cabeza
❖ (*Locución verbal*)

Ⓢ Recuperarse después de haber tenido algún problema.
立ち直る

Ⓔ Después de todos los problemas que hemos tenido este año, parece que poco a poco empezamos a **levantar cabeza**.
今年はいろいろと問題を抱えたけど、少しずつ調子が上向いてきたみたいだ。

José no **levanta cabeza**: Primero enfermó su padre; después perdió el trabajo y ahora ha tenido un accidente.
ホセはすっかり打ちのめされてしまった。まず父親が病気になって、その後仕事を失い、挙句の果てには事故にも巻き込まれた。

Levantarse con el pie izquierdo
❖ (*Locución verbal*)

Ⓢ Tener mala suerte.
ついてない

Ⓔ Primero he perdido el tren; después me he olvidado los documentos en casa y cuando he llegado a la oficina, se había roto el aire acondicionado. Hoy parece que **me he levantado con el pie izquierdo**.
まず電車に乗り遅れて、そのあと書類を家に置き忘れたことに気づき、ようやくオフィスに着いたと思ったら、エアコンが壊れているなんて。今日はどうもついてない。

Hoy todo te sale mal. ¿Qué te pasa? ¿**Te has levantado con el pie izquierdo**?
今日は何もかもうまく行っていないようだが、どうした？厄日か？

Liarse la manta a la cabeza
❖ (*Locución verbal*)

Ⓢ Actuar de manera decidida sin tener en cuenta los posibles inconvenientes.
（リスクを考えずに速断して）思いっきりやる

Ⓔ José **se ha liado la manta a la cabeza**, ha dejado su trabajo y dice que se va a ir a vivir a Bolivia.
ホセは思い切って仕事を捨て、とりあえずボリビアで暮らしてみると言っている。

Voy a **liarme la manta a la cabeza** y voy a invertir todos mis ahorros en una compañía petrolífera.
一か八か貯金をすべて石油会社に投資してみよう。

Llevarse el gato al agua

❖ (*Locución verbal*)

Ⓢ Salir victorioso en una disputa
（論争などに）勝つ

Ⓔ No te creas que **te has llevado el gato al agua**, lo que pasa es que te he dejado ganar porque me das pena, chaval.
それで俺に勝ったと思うなよ、可哀そうに思ってわざと負けてやったんだから。

Con esos argumentos no vas conseguir **llevarte el gato al agua**. Tendrás que pensar algo mejor si quieres convencerme.
そんな主張では僕を言い負かせないよ。僕を説得したいなら、もっといい論拠がないと。

Llevarse un buen chasco

❖ (*Locución verbal*)

Ⓢ Tener una decepción o una desilusión.
失望する、幻滅する

Ⓔ Al abrir el regalo el día de su cumpleaños **se llevó un buen chasco** porque le habían preparado una sorpresa que no le gustó nada.
彼女は誕生日のプレゼントを開けてみてがっかりした。なぜなら、サプライズのプレゼントはまったく彼女の趣味ではなかったから。

Nos llevamos todos **un buen chasco** cuando el equipo de España no ganó la medalla de oro en baloncesto.
スペインがバスケットボールで金メダルを獲得できなかったときは、みんながっかりした。

Lo comido por lo servido

❖ (*expresion coloquial*)

Ⓢ Cuando los gastos y los beneficios son iguales.
収支がとんとんであること

Ⓔ Pensábamos ganar mucho dinero con este trabajo, pero los gastos han sido muy altos. Al final, **lo comido por lo servido**.
この仕事でたくさん稼ごうと思っていたら、費用がとても高くついて、結局のところ差し引きゼロだった。

Con este negocio no hemos perdido dinero pero tampoco hemos ganado nada. Ha sido **lo comido por lo servido**.
この商売では、損はしていないが儲けも出ておらず、つまり、とんとんだ。

M

Mal que le pese *a alguien*
❖ (*Locución adverbial*)

Ⓢ Aunque no le guste a otra persona.
他の人にとって嫌でも

Ⓔ Voy a irme sola de vacaciones **mal que le pese** a mi familia.
家族が快く思わなくても、私は一人旅に出るつもりよ。

No te voy a acompañar al cine **mal que te pese** porque esa película no me interesa.
悪いけど、その映画には興味がないから一緒に行けないよ。

Mandar *a alguien* a freír espárragos / a esparragar / a hacer puñetas
❖ (*Locución verbal*)

Ⓢ Echar a alguien de un lugar y retirarle el trato.
追い払う、相手にしない

Ⓔ Antonio es muy pesado y al final le tuve que **mandar a freír espárragos**.
アントニオが本当にしつこいもんだから、しまいに追い払わなければならなかった。

Intenté ayudarle pero él me **mandó a hacer puñetas**.
手伝ってあげようとしたら、断られてしまった。

Manga por hombro

❖ ⟨ *Locución adverbial* ⟩ estar, andar, tener などと共に

Ⓢ Revuelto, desordenado.
混乱した、乱雑な

Ⓔ Me dijo que ya había terminado el trabajo, pero lo cierto es que lo tenía todo **manga por hombro** y hubo que empezar a hacerlo todo de nuevo.
作業は終わっていると言ってきたけど、実際はすべてがめちゃくちゃで、最初からやり直さねばならなかった。

María tiene toda la casa **manga por hombro**. No sé cómo puede vivir así.
マリアはどうしてあんなごちゃごちゃした家に住めるのか、不思議だ。

Mantener el tipo

❖ ⟨ *Locución verbal* ⟩

Ⓢ Aguantar en una situación difícil sin rendirse.
耐える、たじろがない

Ⓔ Le estuvieron presionando para que vendiera su negocio pero él **mantuvo el tipo** y no lo vendió.
彼は事業を売却するよう圧力をかけられていたが、それに屈することなく守り通した。

Tiene demasiados problemas en el trabajo. No creo que pueda **mantener el tipo** durante mucho tiempo.
彼は仕事で問題を抱えすぎている。もう長くは持ち堪えられないだろう。

Matar dos pájaros de un tiro

❖ ⟨ *Locución verbal* ⟩

Ⓢ Aprovechar que se está haciendo una cosa para hacer otra al mismo tiempo.
一石二鳥、行き掛けの駄賃

Ⓔ Al ir al hospital a visitar a Miguel, **he matado dos pájaros de un tiro** y he donado sangre.
病院にミゲルのお見舞いに行ったついでに、献血もして来た。

En las vacaciones me gustaría **matar dos pájaros de un tiro** y, al tiempo que conozco España, quisiera aprender español.
スペインを知るとともに、スペイン語も覚えて、一石二鳥の旅行にしたい。

Matar el gusanillo
❖ ⟦ *Locución verbal* ⟧

Ⓢ Tratar de aliviar momentáneamente el hambre.
空腹を一時的にしのぐ

Ⓔ Tengo un poco de hambre pero todavía no es la hora de comer, así que me voy a tomar un pincho de tortilla para **matar el gusanillo**.
少しお腹が空いたけど、まだ昼食の時間じゃないから、トルティーリャ一口で腹の虫を抑えよう。

Si tienes hambre puedes picar un poco para **matar el gusanillo**, pero no piques demasiado porque luego no podrás cenar.
お腹が空いたなら、腹の虫を抑えるために少しつまんでもいいけど、後で晩ごはんが食べられなくなるから、あんまりたくさんはダメよ。

Meter baza
❖ ⟦ *Locución verbal* ⟧

Ⓢ Participar en algo. Dar una opinión. Expresar ideas.
口出しする、口を挟む

Ⓔ En la reunión del martes yo no pude **meter baza**.
火曜日のミーティングでは発言することができなかった。

No **metas baza** en esta conversación porque no tiene relación contigo.
おまえとは関係ないから、この会話に口を挟むな。

Meter la pata
❖ ⟦ *Locución verbal* ⟧

Ⓢ Equivocarse.
どじを踏む、余計なことを言う

Ⓔ Lo siento. He vuelto a **meter la pata** con lo que te he dicho.
ごめん、また余計なことを言っちゃった。

Begoña no hace más que **meter la pata** en el trabajo. Es muy torpe.
ベゴーニャは仕事でへまばかりしている。まあ、ちょっと不器用なんだな。

Meter las narices
❖ (Locución verbal)

Ⓢ Entrometerse en asuntos que no conciernen.
首を突っ込む

Ⓔ No me gusta Pilar porque siempre **mete las narices** en asuntos que no le conciernen.
ピラールはいつも関係のないことに首を突っ込むから嫌いだ。

Haz el favor de no **meter las narices** en esto. No es asunto tuyo.
口出ししないでもらえる？あんたの知ったこっちゃないの。

Mirar por encima del hombro
❖ (Locución verbal)

Ⓢ Tratar a otra persona despectivamente, con superioridad.
蔑視する、見下す

Ⓔ Es normal que no tenga amigos. Siempre **mira** a todo el mundo **por encima del hombro**.
あいつに友達がいなくて当たり前だ。いつだって上から目線で人を見ているんだから。

No sé porqué nos **miras** a todos **por encima del hombro**. Tú no eres mejor que nosotros.
何だってそんな尊大な態度をとるんだ？俺らより偉いわけでもないのに。

Mucho ruido y pocas nueces
❖ (expresion coloquial)

Ⓢ Cuando algo es menos importante o menos graves de lo que se había supuesto al principio.
大山鳴動して鼠一匹

Ⓔ Anunciaron la película a bombo y platillo (☞p.1) y, al final, **mucho ruido y pocas nueces**, porque fue un fracaso.
鳴り物入りで公開された映画は大こけして、から騒ぎに終わった。

Carmen me habló mucho de su trabajo pero fue **mucho ruido y pocas nueces**: No hizo más que una birria. (☞p.158).
カルメンは仕事のことをたくさん語ってくれたけど、すべて大法螺だ。ろくでもない仕事しかしてないから。

N

Nadar y guardar la ropa
❖ ｟ *Locución verbal* ｠

Ⓢ Actuar y, al mismo tiempo, proteger nuestros propios intereses de las consecuencias negativas que pudiera tener nuestra acción.
（リスクを負わず）抜け目なく立ち回る

Ⓔ José sabe **nadar y guardar la ropa**: ha puesto su propio negocio, pero no va a dejar su compañía.
ホセはちゃっかり者で、自分で事業を立ち上げておきながら、会社を辞めるつもりもないらしい。

Te aconsejo que **nades y guardes la ropa** y que, antes de casarte con tu novia, vivas por lo menos un año con ella para saber si sois compatibles.
君への助言だけど、早まったことはせずに、彼女と結婚する前に最低でも1年は同棲して、本当に相性が良いか確かめた方がいい。

Negarle *a alguien* el pan y la sal
❖ ｟ *Locución verbal* ｠

Ⓢ Mostrar rechazo y desprecio ante una persona.
拒絶する、突き放す

Ⓔ A Antonio, su familia **le ha negado el pan y la sal** desde que se casó con una extranjera.
アントニオは外国人の女性と結婚して、家族から絶縁されてしまった。

No sé que le habré hecho para que **me nieguen el pan y la sal**.
彼にこっぴどく突っ放されるようなことをした覚えがないんだが。

Ni corto ni perezoso

Locución adverbial

Ⓢ Súbitamente
いきなり、ためらわず

Ⓔ Estábamos todos cenando y Luis **ni corto ni perezoso** se puso a cantar en medio del restaurante.
レストランで夕飯を食べていたら、ルイスがいきなり歌いだした。

Le dije que me gustaba mucho su talismán y **ni corto ni perezoso** me lo regaló.
すごくいいお守りだねと言ったら、何のためらいもなく私にくれた。

Ni fu ni fa

expresion coloquial

Ⓢ Ni bien ni mal. Ni bueno ni malo. Ni gusta ni disgusta. Es indiferente.
良くも悪くもない

Ⓔ –¿Qué tal el examen de hoy? –**Ni fu ni fa**.
－今日の試験どうだった？　－別に。

La comida de este restaurante no es **ni fu ni fa**. Se puede comer, pero no es ninguna maravilla.
このレストランの料理はまあまあだった。まずくはないけど、決して絶品でもない。

Ni pincha ni corta

Locución verbal

Ⓢ Se utiliza para decir que una persona no es importante, no tiene relevancia ni poder.
役立たず

Ⓔ A pesar de lo que él cuenta, en su trabajo **ni pincha ni corta**.
彼が何と言おうと、職場では役立たずである。

Antonio, en su casa, **ni pincha ni corta**. Es su mujer la que corta el bacalao. (☞p.43)
家では、アントニオは何もできない役立たずで、すべて奥さんが取り仕切っている。

No apearse del burro
❖ (*Locución verbal*)

Ⓢ Persistir en el error. Mantener tercamente una opinión.
非を認めない、意見を固持する

Ⓔ Miguel está completamente equivocado pero **no** quiere **apearse del burro**.
ミゲルは完全に間違っているのに、誤りを認めようとしない。

Tal vez tengáis razón, pero yo **no** voy a **apearme del burro** porque creo que sois vosotros los equivocados.
もしかしたらそうなのかもしれないけど、僕はやっぱり君たちが間違っていると思うから、自分の意見を曲げないよ。

No caerá esa breva
❖ (*Locución verbal*)

Ⓢ No habrá suerte.
うまい具合にいかない

Ⓔ Me han prometido un aumento de sueldo pero **no** creo que **caiga esa breva**.
給料アップを約束されたけど、世の中そう甘くないと思う。

A ver si **cae esa breva** y ganamos el concurso de poesía de este año.
なんとか運よく、今年の作詩コンクールに優勝できないものかな。

No dar abasto
❖ (*Locución verbal*)

Ⓢ Tener más de lo que se puede hacer. Estar muy ocupado.
処理しきれない、人手が足りない

Ⓔ Estos días **no doy abasto** con el trabajo de la empresa, así que si te parece quedamos el próximo lunes.
最近、会社の仕事がキャパを超えているから、よかったら来週の月曜日に会おう。

En el nuevo restaurante **no dan abasto** y necesitan más camareros.
この新しいレストランは人手不足なので、もっとウェイターを雇う必要がある。

No dar crédito
❖ (*Locución verbal*)

Ⓢ No poder creer. Cuando algo parece increíble.
信じられない

Ⓔ ¿Dices que José se ha divorciado? ¡**No doy crédito**!
ホセが離婚したって？信じられん！

Cuando vi tu trabajo **no** podía **dar crédito** ¡Es genial!
君の論文を見たときは目を疑ったよ。素晴らしい出来じゃないか！

No dar ni golpe
❖ (*Locución verbal*)

Ⓢ No trabajar.
（仕事を）怠ける

Ⓔ El marido de Asunción **no da ni golpe** y ella ya está harta de él.
アスンシオン出身の夫は仕事を怠けていて、彼女はもう愛想を尽かした。

Si continúas sin **dar ni golpe** te expulsarán del trabajo.
仕事をサボってばかりいると、首にされるぞ。

No dar ni un palo al agua
❖ (*Locución verbal*)

Ⓢ Ser un vago. No trabajar.
怠ける、働かない

Ⓔ Durante las vacaciones **no he dado ni un palo al agua** y ahora tengo un montón de trabajo acumulado.
休み中はずっと働かなかったから、今は仕事が山積みだ。

Este niño **no da ni un palo al agua** en sus estudios. No creo que pueda ingresar en la universidad.
この子は勉強を怠けているから、大学に入れないんじゃないか。

No dar pie con bola
❖ (*Locución verbal*)

Ⓢ Cometer un error tras otro. No acertar. Equivocarse.
 へまばかりする

Ⓔ Si por algo destacó fue por **no dar pie con bola** en todo el curso.
 何かで目立ったかといえば、馬鹿ばかりしていたことくらいだ。

 Estaba tan nerviosa que **no di pie con bola** en el examen oral.
 緊張しすぎて、口頭試験ではミスをしてばかりだった。

No decir ni mu / ni pío / ni esta boca es mía
❖ (*Locución verbal*)

Ⓢ Permanecer en silencio. No responder.
 沈黙する、うんともすんとも言わない

Ⓔ Le pregunté que porqué se ponía las gafas en lugar de las lentes de contacto pero él **no** me **dijo ni mu**.
 どうしてコンタクトレンズから眼鏡に変えたのか訊ねたのに、彼はうんともすんとも言わなかった。

 Si tú **no** me **dices ni mu**, yo pensaré lo que más me convenga a mí.
 黙りこくっているなら、私の都合の良いように解釈するわよ。

No dejar *a alguien* ni a sol ni a sombra
❖ (*Locución verbal*)

Ⓢ Estar permanentemente con una persona.
 片時も離れない、しつこくつきまとう

Ⓔ María está harta porque Manuel **no la deja ni a sol ni a sombra**.
 マニュエルがしつこくつきまとってきて、マリアはうんざりしている。

 Los vecinos **no nos dejan ni a sol ni sombra**. No hay día que no vengan a visitarnos.
 お隣さんは、毎日うちにやって来て、片時も放っておいてくれない。

No estar el horno para bollos

❖ ⎡ *Locución verbal* ⎦

Ⓢ No es el momento oportuno. La situación no es buena para hacer bromas.
（冗談を言うのに）ふさわしい時期ではない

Ⓔ Yo que tú, me iría porque ahora **no está el horno para bollos**.
私ならここから出て行くけどね。今はそんな気分じゃないの。

Después de la discusión **no está el horno para bollos**. Vamos a dejar la reunión para mañana.
言い争いの後ではそんな気分になれないから、ミーティングは明日にしよう。

No pegar ni con cola

❖ ⎡ *Locución verbal* ⎦

Ⓢ No combinar bien. Cuando una cosa o persona no es compatible con otra.
調和しない、似合わない

Ⓔ Estos zapatos **no pegan ni con cola** con el bolso. Será mejor que me los cambie.
この靴は、そのハンドバッグと合わないから、別の靴にした方が良さそうだ。

José es simpatiquísimo pero María es un muermo. **No pegan ni con cola**.
ホセは明るく愛想がよいけど、マリアは無愛想だから、ふたりは釣り合わないよ。

No saber de la misa la media

❖ ⎡ *Locución verbal* ⎦

Ⓢ No saber nada de un asunto.
（事情を）何も知らない

Ⓔ De este asunto, **no sabes de la misa la media**, así que no te metas.
おまえはこの件について何一つ知らないんだから、口を挟むな。

Aunque **no sabe de la misa la media** sobre arquitectura, siempre quiere meter baza. (☞ p.118)
建築について何も知らないくせに、いつも口出ししたがる。

No se ganó Zamora en una hora
✳︎ (expresion coloquial)

Ⓢ Significa que hay que tener paciencia para poder llevar a buen término alguna acción.
石の上にも三年、ローマは一日にして成らず

Ⓔ Acabas de empezar a estudiar español y ya quieres examinarte de DELE. Ten paciencia, que **no se ganó Zamora en una hora**.
スペイン語を習い始めたばかりなのに、もうDELEを受けたいの？ちょっと待って、何事も辛抱が大切よ。

No puedes abandonar la dieta después de tres días; ya sabes que **no se ganó Zamora en una hora**.
3日でダイエットをやめるなんてバカか。石の上にも三年って言うだろ？

No soltar prenda 🅓 🅓
❖ (Locución verbal)

Ⓢ No querer decir nada sobre algún asunto que se conoce.
言いたがらない、口を割らない

Ⓔ Yo insistí, te lo aseguro, pero él **no soltó prenda**. Así que no sé que es lo que pasó.
問い詰めたんだって、本当に。でもやつは口を割らなくて、何が起こったのかわからずじまいだ。

Por favor, no sigáis preguntándome porque **no** pienso **soltar prenda** sobre este asunto.
どうかしつこく訊いてこないでちょうだい。その件については一切しゃべるつもりがないから。

No tener desperdicio 🅓
❖ (Locución verbal)

Ⓢ Ser muy interesante.
素晴らしい、とても面白い

Ⓔ Lo que contó Manuel sobre su nuevo trabajo **no tenía desperdicio**.
🅓
マニュエルの新しい仕事についての話は、とても面白かった。

La última película de Almodóvar **no tiene desperdicio**.
アルモドバル監督の最新作は非の打ち所がない傑作だ。

No tener ni pies ni cabeza
❖ (*Locución verbal*)

Ⓢ Algo sin sentido, que no se puede comprender o entender.
ナンセンスである、でたらめである

Ⓔ Eso que me cuentas **no tiene ni pies ni cabeza**.
おまえの話は、ナンセンスだ。

Nos explicó lo que le había pasado pero yo **no** le **encontré ni pies ni cabeza**. No sé realmente cual fue el problema.
何があったのか説明してくれたけど、さっぱりわからなかった。実際のところ、何が問題だったんだ？

No tener pelos en la lengua
❖ (*Locución verbal*) sin pelos en la lengua の形で使われることもある

Ⓢ No tener impedimentos para decir las cosas tal y como se piensan. Hablar claramente, incluso con rudeza.
歯に衣着せぬ、単刀直入に言う

Ⓔ Lucía **no tiene pelos en la lengua** y dice las cosas tal y como las piensa.
ルシアは歯に衣を着せず、思ったことをそのまま口に出す。

Ten cuidado, hablar **sin pelos en la lengua** a veces es peligroso.
気をつけな、歯に衣着せぬ発言は危険を招くこともある。

No tener ni un pelo de tonto
❖ (*Locución verbal*)

Ⓢ Ser despierto. Ser agudo.
少しもバカではない、利口である

Ⓔ Luis **no tienen ni un pelo de tonto**, lo que pasa es que a veces se hace el sueco. (☞ p.106)
ルイスは決してバカなんかじゃない。たまにとぼけているだけなんだ。

Tú **no tienes ni un pelo de tonto** y estoy segura de que has entendido perfectamente todo lo que te he dicho.
きみは賢いから、きっと私の言ったことを完璧に理解しているわよね。

No tener vuelta de hoja

❖ (*Locución verbal*)

Ⓢ Estar absolutamente claro. Sin más interpretación. Incuestionable.
議論の余地のない、明白である

Ⓔ El culpable de todo ha sido Javier, eso **no tiene vuelta de hoja**.
すべてはハビエルのせいだ、間違いなく。

He decidido regresar a mi país y **no tiene vuelta de hoja**.
帰国すると決めたからには帰国する、絶対だ。

No tenerlas todas consigo

❖ (*Locución verbal*)

Ⓢ No estar completamente seguro. Tener reticencias.
自信がない、ためらいを感じる

Ⓔ Me ha dicho que me ayudará pero yo todavía **no las tengo todas conmigo**. A última hora puede cambiar de opinión.
手伝ってくれると言っていたけど、それはどうだか。直前になって考えを変えるかもしれないし。

Quiere comprarse ese coche pero su mujer **no las tiene todas consigo**.
彼はその車を買いたいが、奥さんは気乗りしないようだ。

P

Pagar a escote
❖ ⌈ *Locución verbal* ⌉

Ⓢ Pagar algo entre varias personas dividiendo el precio en partes iguales.
割り勘にする

Ⓔ Vamos a comprarle un regalo a Pedro por su cumpleaños y lo **pagaremos a escote**.
みんなでペドロに誕生日プレゼントを買って、費用は人数割りにしよう。

Siempre que salimos a cenar **pagamos a escote**.
夕飯を一緒に食べに行くときは、いつも割り勘にする。

Pagar a tocateja
❖ ⌈ *Locución verbal* ⌉

Ⓢ Pagar con dinero en efectivo.
現金一括で支払う

Ⓔ Si quieres este ordenador, tendrás que **pagarlo a tocateja**.
このコンピュータは現金一括で購入しないといけない。

En esta tienda no aceptan tarjetas de crédito. Tendremos que **pagar a tocateja**.
このお店はクレジットカードが使えないので、現金で支払わなければならない。

Pagar el pato
❖ ⌈ *Locución verbal* ⌉

Ⓢ Pagar las culpas de otra persona.
他人の責任を負わされる

Ⓔ No pienso **pagar** yo **el pato** por tus equivocaciones.
君が犯したミスの責任を負うつもりはないからね。

Al final siempre es Luis el que **paga el pato** de las cosas que hace Lucía.
ルシアがしたことは、最終的にいつもルイスが責任をとる。

Para dar y tomar

✥ (*Locución adverbial*)

Ⓢ Muchísimo. En abundancia.
とてもたくさん、豊富に

Ⓔ En casa de Jorge hay libros **para dar y tomar**.
ホルへの家は本であふれている。

En mi jardín hay bichos **para dar y tomar**.
うちの庭には大量の虫がいる。

Para el arrastre

✥ (*Locución verbal*) estar, terminar, quedar と共に

Ⓢ Estar muy cansado. Agotado. Estar sin fuerzas.
くたくたに疲れきった

Ⓔ Lo siento, ya quedaremos otro día, hoy estoy **para el arrastre**.
ごめん、今日はくたくただから、またそのうち会おう。

Estuve toda la noche bebiendo con mis amigos y ahora estoy **para el arrastre**.
友達と飲み明かして、今は体がふらふらする。

Para más INRI

✥ (*Locución adverbial*)

Ⓢ Para más ironía. Para más burla.
さらに悪いことに、さらに皮肉なことに

Ⓔ No quiso ayudarnos y **para más INRI** nos pidió dinero para pagar el taxi.
手伝ってくれなかったばかりか、ひどいことにタクシー代まで要求してきた。

Los ladrones **para más INRI** dejaron en la casa una nota criticando la calidad del whisky.
さらに皮肉なことに、空き巣はウィスキーがまずかったというメモを残していた。

Parar los pies *a alguien*

❖ (Locución verbal)

Ⓢ Impedir que una persona continúe diciendo o haciendo algo que es improcedente, que nos molesta o nos causa perjuicios.
（迷惑な行為などを）やめさせる、制止する

Ⓔ Le tuve que **parar los pies** al ayudante porque hacía siempre de su capa un sayo. (☞ p.102)
助手の身勝手な行動をやめさせる必要があった。

¿Que me vas a **parar los pies**? ¿Tú y cuántos más?
俺様を止めてやるだと？お前ひとりで？

Pasar de castaño oscuro

❖ (Locución verbal)

Ⓢ Cuando algo, que no era bueno pero era tolerable, empieza a ser intolerable.
度を超す

Ⓔ Está mal que regreses tarde a casa, pero que vuelvas borracho **pasa ya de castaño oscuro**.
夜遅くに帰宅するのも頂けないが、そのうえ、酔っぱらっているのは目に余る。

Me parece muy mal que no nos ayudes, pero que nos des más trabajo **pasa de castaño oscuro**.
手伝ってくれないどころか、仕事を増やすなんてひどすぎる。

Pasar factura

❖ (Locución verbal)

Ⓢ Tener consecuencias.
つけが回る

Ⓔ Si sigues fumando tanto, el tabaco te **pasará factura**.
そんなにタバコを吸っていると、つけが回るわよ。

Te **pasarán factura** si vuelves a llegar tarde al trabajo.
また仕事に遅刻したら、その罰を受けるのは自分だよ。

Pasar por alto
❖ (*Locución verbal*)

Ⓢ Obviar.
見逃す、目をつぶる

Ⓔ Esta vez **pasaré por alto** que me has mentido. La próxima vez no te volveré a dirigir la palabra.
嘘をついたことを今回は大目に見るけど、今度やったらもう口きいてあげないから。

Por favor, **pasa por alto** mis errores y dame otra oprtunidad.
お願いだから、今回のミスは見逃して、もう一度チャンスをくれよ。

Pasárselo bomba
❖ (*Locución verbal*)

Ⓢ Disfrutar. Divertirse.
大いに楽しむ

Ⓔ Ayer fuimos a la piscina y los niños **se lo pasaron bomba**.
昨日はプールに行って、子供たちは大いに楽しんだ。

Siempre que salimos con Juan **nos lo pasamos bomba**. Es un chico muy divertido.
ホアンはすごく面白いやつだから、一緒に遊びに出かけるといつも最高に楽しい。

Pasárselo de miedo
❖ (*Locución verbal*)

Ⓢ Disfrutar. Divertirse.
大いに楽しむ

Ⓔ Hicimos un viaje por el mediterráneo y **nos lo pasamos de miedo**.
地中海へ旅行して、楽しい時を過ごした。

Si quieres **pasártelo de miedo**, ven con nosotros el fin de semana.
週末をエンジョイしたかったら、私たちと一緒においでよ。

Pedir peras al olmo
❖ ⌈ *Locución verbal* ⌉

Ⓢ Pretender imposibles.
無理なことを望む

Ⓔ Pedirle a Andrés que sea puntual es como **pedirle peras al olmo**.
アンドレスに時間を守らせるなど、無理な相談だ。

Hablar contigo es como **pedirle peras al olmo**. Nunca escuchas lo que te digo.
お前とまともに話そうなんて期待した俺がバカだった。全部聞き流されるんだからな。

Perder la cabeza
❖ ⌈ *Locución verbal* ⌉

Ⓢ Trastornarse. Actuar de forma inusual.
理性を失う

Ⓔ Este verano Isabel se enamoró de un chico y **perdió** completamente **la cabeza**.
今年の夏、イサベルは恋に落ちて、すっかりのぼせてしまった。

¿Qué le pasa a Javier? Parece que **ha perdido la cabeza** porque se comporta de una forma muy extraña.
ハビエルに何があったの？かなり様子がおかしいね、我を失ったというか。

Perder las riendas / los estribos
❖ ⌈ *Locución verbal* ⌉

Ⓢ Perder el control de una situación.
コントロールを失う；(怒りで) 我を忘れる

Ⓔ Con todo lo que sucedió en aquella reunión, era normal que Antonio **perdiera los estribos**.
あの会議で起こったことを考えれば、アントニオが自制心を失ったのも無理はない。

Si en esta ocasión **perdemos las riendas**, todo el negocio se irá a pique. (☞ p.110)
今ここで主導権を失ったら、取引が失敗に終わってしまう。

Perder los papeles
❖ (Locución verbal)

Ⓢ Ponerse nervioso y perder el control.
取り乱す

Ⓔ Cuando les preguntaron a los responsables de la compañía por las causas del accidente, **perdieron los papeles** por completo.
事故の原因を問われ、会社の責任者は完全に狼狽してしまった。

No sabemos que le pasó ayer al profesor, pero en medio de la clase **perdió los papeles** y su explicación fue un desastre.
昨日は先生に何が起こったのか知らないけど、授業中に取り乱して、話が意味不明になった。

Pillar el toro
❖ (Locución verbal)

Ⓢ Se acaba el tiempo marcado para terminar un trabajo y el trabajo no está finalizado.
(仕事などが) 間に合わない

Ⓔ Tengo que terminar este trabajo para el próximo jueves y veo que me va a **pillar el toro** porque voy muy retrasada.
来週の木曜日までにはこの仕事を終わらせなきゃいけないのに、どうしても間に合いそうにないや。

Necesitaba leer este libro para el examen de mañana pero me **ha pillado el toro**.
明日の試験に向けてこの本を読む必要があったのだけど、もう間に合いっこない。

Pisarle *a alguien* los talones
❖ (Locución verbal)

Ⓢ Seguir muy de cerca a otra persona.
すぐ後を追う、肉迫する

Ⓔ No se sabe quién va a ganar la carrera porque el que va en segunda posición, **le va pisando los talones** al primero.
2位の選手が先頭の後ろをぴたりとついて走っており、誰がレースを制するかわからない。

Cualquiera de los dos partidos puede ganar las elecciones. En los sondeos, los dos **van pisándose los talones**.
世論調査では両党互角で、どちらが選挙に勝ってもおかしくない。

Poner de vuelta y media
❖ ⌞Locución verbal⌟

Ⓢ Hablar muy mal de alguien o de algo.
こきおろす

Ⓔ Los críticos de cine **han puesto de vuelta y media** esta película; sin embargo, a mí me ha parecido entretenida.
映画評論家には酷評されていたよ。僕はなかなか面白い映画だと思ったけどね。

No entiendo porqué Isabel **pone** siempre **de vuelta y media** a Lucía; para mí, es una chica encantadora.
どうしてイサベルはいつもルシアの悪口を言うのだろう。すごくいい子なのに。

Poner el grito en el cielo
❖ ⌞Locución verbal⌟

Ⓢ Protestar airadamente manifestando el enfado o disgusto.
怒って抗議する

Ⓔ El vuelo se retrasó cinco horas y, aunque **pusimos el grito el cielo**, la compañía aérea no nos prestó la menor atención.
フライトが5時間も遅れ、怒りの抗議をしたにもかかわらず、航空会社はまったく対応してくれなかった。

Miguel **puso el grito en el cielo** cuando se enteró de que habíamos invitado a su ex novia a la fiesta.
パーティに元カノが呼ばれていることを知ると、ミゲルは不満を露わにした。

Poner en entredicho
❖ ⌞Locución verbal⌟

Ⓢ Poner en duda una cosa. Desconfiar de la veracidad de algo.
疑問視する

Ⓔ Los sindicatos **pusieron en entredicho** la transparencia del proceso electoral.
労働組合は選挙プロセスの透明性を問題視した。

Los pacientes **pusieron en entredicho** el código deontológico de aquella clínica.
患者たちは某病院の倫理綱領を疑問視した。

Poner en tela de juicio
❖ (Locución verbal)

Ⓢ Poner en duda. Desconfiar de la veracidad de algo.
疑問視する

Ⓔ Los damnificados **pusieron en tela de juicio** las explicaciones de los responsables del accidente.
被害者たちは、事故責任者の説明に疑問を呈した。

¿Estás **poniendo en tela de juicio** lo que te digo?
俺の言うことを疑っているのか?

Poner la mano en el fuego por *alguien*
❖ (Locución verbal)

Ⓢ Tener absoluta seguridad en la inocencia de una persona.
他人の無実を保証する

Ⓔ Estoy convencida de que Paco no ha tenido nada que ver con este problema. **Pongo la mano en el fuego por** él.
パコは絶対にその問題とは関係ない。僕が保証するよ。

Yo que tú, no **pondría la mano en el fuego por** Andrés. Ya ha hecho lo mismo otras veces.
私だったら、アンドレスを擁護したりしないけどね。前科があるんだから。

Poner las cartas boca arriba
❖ (Locución verbal)

Ⓢ Actuar a la vista de todos, sin ocultar nada. Descubrir las intenciones.
手の内を明かす

Ⓔ Después de tres horas de discusión, todos los asistentes **pusieron las cartas boca arriba**.
出席者たちは3時間の議論の末に手の内を見せた。

Si quieres que te tomen en serio, debes **poner tus cartas boca arriba** y decir claramente qué es lo que quieres.
まともに取り合って欲しかったら、隠し事をしないで、どうしたいのかはっきり言いなさいよ。

Poner los cuernos
❖ ⌈ _Locución verbal_ ⌋

Ⓢ Ser infiel en el matrimonio.
不貞をはたらく

Ⓔ Rosa lleva diez años **poniéndole los cuernos** a su marido pero él todavía no se ha enterado.
ローサはもう10年も浮気を続けているのに、夫はいまだに気づいていない。

Andrés no podía creerse que su mujer le estuviera **poniendo los cuernos**.
アンドレスは妻が浮気をしていたことが信じられなかった。

Poner los puntos sobre las íes
❖ ⌈ _Locución verbal_ ⌋

Ⓢ Hablar con claridad sobre un asunto, matizando todo lo que sea necesario.
（疑問が残らないよう）明確に話す

Ⓔ Vamos a **poner los puntos sobre las íes**: Si quieres decir algo, dilo; si no quieres decir nada, vete.
はっきりしようぜ。何か言うことがあるなら言う。ないなら、引っ込んでろ。

A Juan hay que **ponerle los puntos sobre las íes** porque si no, hace de su capa un sayo. (☞ p.102)
ホアンには一度はっきりと言ってやらんと、このまま好き放題されてしまう。

Poner patas arriba *algo*
❖ ⌈ _Locución verbal_ ⌋

Ⓢ Desordenar.
乱雑にする

Ⓔ Los ladrones **pusieron** la casa **patas arriba**. Se ve que estaban buscando algo concreto.
泥棒は何かを探していたようで、家中をひっくり返していった。

Hoy no puedo salir con vosotros porque **tengo** la casa **patas arriba** y tengo que poner un poco de orden.
今日は家中がごちゃごちゃしていて、ちょっと片付けないといけないから、あなたたちと一緒に行けないわ。

Poner peros

❖ ⟨ *Locución verbal* ⟩

Ⓢ Poner inconvenientes o trabas a las opiniones u acciones de otros.
難癖をつける

Ⓔ Le dije lo que pensaba hacer, pero él **puso peros** a casi todo.
計画を教えたら、彼は文句を並べてきた。

Da igual lo que le propongas a Julián; él siempre le **pone peros** a todo.
フリアンには何を提案しても、けちをつけてくるから意味がない。

Poner pies en polvorosa

❖ ⟨ *Locución verbal* ⟩

Ⓢ Huir. Abandonar un lugar con precipitación.
さっさと去る、逃げ出す

Ⓔ En cuanto se enteró que veníais vosotros, **puso pies en polvorosa**.
彼は君たちが来るとわかった途端にいなくなったよ。

Vamos a **poner pies en polvorosa** antes de que llegue Amando. No le soporto.
アマンドが来るまえにさっさと行こう。あいつ、本当にめんどくさいから。

Poner por las nubes

❖ ⟨ *Locución verbal* ⟩

Ⓢ Elogiar algo o a alguien.
称賛する

Ⓔ En el periódico **ponen por las nubes** el último libro de Kundera. Seguro que es tan bueno como dicen.
新聞ではクンデラの最新作がとても高く評価されていたけど、きっとその通りだと思う。

Manuel no hace más que **poner por las nubes** a Marta. Para mí que está enamorado de ella.
マニュエルはマルタを褒めてばかり。絶対、彼女に惚れてるんだな。

Poner trabas (☞ poner peros p.138)

❖ ⌈ Locución verbal ⌋

Ⓢ Poner dificultades o inconvenientes a algo.
邪魔する

Ⓔ Lo cierto es que Antonio **pone trabas** a todos los proyectos del grupo.
正直なところ、アントニオはグループプロジェクトに邪魔なだけだ。

Si piensas **poner trabas** a todo lo que decimos sin aportar nada nuevo, podías haberte quedado en casa.
何も貢献せずに文句ばかり言うくらいなら、家でおとなしくしてればよかったのに。

Poner verde (☞ Estar verde p.97 と混同しないように)

❖ ⌈ Locución verbal ⌋

Ⓢ Hablar mal de algo o de alguien. Criticar.
悪口を言う

Ⓔ Esa persona no es de fiar, en cuanto te das la vuelta te **pone verde**.
あいつは信用ならない。いなくなった人の陰口をたたくようでは。

Juan y Antonio eran muy amigos pero ahora se **ponen verdes** mutuamente.
ホアンとアントニオはとても仲が良かったのに、今はお互いをけなし合っている。

Ponerle *a alguien* las peras al cuarto

❖ ⌈ Locución verbal ⌋

Ⓢ Reprobar la actitud de alguien.
叱責する

Ⓔ Mi padre **me ha puesto las peras al cuarto** porque ayer llegué bebido a casa.
昨日は酔って家に帰ったら、親父に怒られちった。

A Julio **le han puesto las peras al cuarto** por llegar de nuevo tarde a la clase.
フリオはまたクラスに遅刻したことを叱られた。

Ponerse morado

❖ ⌈ *Locución verbal* ⌉

Ⓢ Comer mucho. Atiborrarse. Hacer mucho alguna cosa.
たらふく食べる；目一杯する

Ⓔ En la fiesta del otro día Felipe **se puso morado** de canapés.
こないだのパーティでフェリペはカナッペをお腹いっぱい食べた。

Fuimos al karaoke y **nos pusimos morados** a cantar.
カラオケに行って思う存分歌った。

Ponérsele *a alguien* los pelos de punta

❖ ⌈ *Locución verbal* ⌉

Ⓢ Tener miedo, enfado o nerviosismo.
（恐怖などで）鳥肌が立つ；（怒りで）髪が逆立つ

Ⓔ Juan condujo muy deprisa y **nos puso a todos los pelos de punta**.
ホアンが車をぶっ飛ばすから、僕らは身の毛がよだつ思いだった。

Los exámenes de matemáticas **me ponen los pelos de punta**.
数学の試験のことを考えるだけでも恐ろしい。

Ponerse las botas

❖ ⌈ *Locución adverbial* ⌉

Ⓢ Comer mucho. También sacar provecho o beneficio de algo.
たっぷり食べる；利益を得る、活用する

Ⓔ El viaje a Galicia fue estupendo. **Nos pusimos las botas** comiendo marisco.
ガリシア旅行は最高だったよ。海の幸をたらふく食べたし。

Siempre que vamos a tu casa **nos ponemos las botas** porque cocinas muy bien.
君が料理上手だから、君んちに行くたびいつもお腹いっぱい食べてしまうよ。

Por barba

 Locución adverbial

Ⓢ Por persona.
一人当たり

Ⓔ La cena fue deliciosa y barata: pagamos 10 Euros **por barba**.
ディナーはおいしかったのに、一人あたり10ユーロと安かった。

Creo que hay una silla **por barba** pero si no son suficientes, avisadme, por favor.
椅子は人数分あると思うけど、もし足りなかったら言ってね。

Por los pelos

 Locución adverbial

Ⓢ Casi no.
危ういところで、間一髪で

Ⓔ Había un gran atasco en la autopista y cogimos el avión **por los pelos**.
高速道路が大渋滞していて、もう少しで飛行機に乗り遅れるところだった。

Carlos ha aprobado el examen **por los pelos**.
カルロスは試験にぎりぎりで合格した。

Por si las moscas

 Locución adverbial

Ⓢ Por si acaso, por precaución.
万が一のため、念のため

Ⓔ Me he hecho un seguro contra el cáncer **por si las moscas**.
念のため癌検査を受けた。

Por si las moscas te aconsejo que no te olvides el móvil en casa.
念のため、携帯を持って行きなよ。

Por un tubo
Locución adverbial

Ⓢ Mucho.
たくさん

Ⓔ Estos meses he trabajado **por un tubo** y estoy ya un poco cansada.
この何カ月かはたくさん働いて、ちょっと疲れてきた。

El dueño de esta empresa tiene dinero **por un tubo**.
この会社の社長は大金持ちだ。

Q

Quedarse tan campante
❖ (*Locución verbal*)

Ⓢ Estar tranquilo después de un incidente que pudiera tener consecuencias negativas.
平然としている

Ⓔ Aunque acababa de tener un accidente, ella **estaba tan campante**.
事故にあったばかりだというのに、彼女は平然としていた。

Le comunicaron la muerte de su padre pero **se quedó tan campante**.
父親の死を知らされても、彼は顔色ひとつ変えなかった。

Quedarse de piedra
❖ (*Locución verbal*)

Ⓢ Quedarse estupefacto. Muy sorprendido. Sin capacidad de reaccionar.
呆気に取られる

Ⓔ **Se quedó de piedra** cuando vio el Monasterio del Escorial. La verdad es que lo entiendo porque es impresionante.
彼女はエル・エスコリアル修道院を見て呆然としていたけど、そりゃ、あんな威風堂々たる姿を見たら、そうなるな。

Me quedé de piedra cuando me dijeron que Alfonso se divorciaba de su mujer.
アルフォンソが奥さんと別れたと聞いて、開いた口がふさがらなかった。

Quitarle hierro a *algo*
❖ (*Locución verbal*)

Ⓢ Quitarle importancia a algún asunto.
重要視しない

Ⓔ Antonio **le quita hierro a** su divorcio y dice que eso pasa en las mejores familias.
離婚沙汰になったアントニオは、別に珍しいことではないと笑い飛ばしている。

Si no **le quitas hierro a** este asunto, se va a convertir en una pesadilla.
あまりこの件を問題にしていると、いまに悪夢になるぞ。

R

Rasgarse las vestiduras
❖ *Locución verbal*

Ⓢ Escandalizarse.
（善人ぶって）目くじらを立てる

Ⓔ Esta ñoña... ¡**se rasga las vestiduras** por cualquier niñería!
あの堅物、どんなくだらないことにも目くじらを立てて！

No es tan grave que vivan juntos sin casarse. No entiendo porqué **te rasgas las vestiduras**.
別に結婚せずに同棲してたっていいじゃないか。どうして、それくらいで大騒ぎするんだ。

Romper el fuego
❖ *Locución verbal*

Ⓢ Ser el primero en iniciar una acción.
話の口火を切る

Ⓔ Julio y Marta estuvieron mirándose toda la tarde y ninguno de ellos se atrevió a **romper el fuego**.
フリオとマルタはどちらも見つめ合ったまま最後まで沈黙を破ろうとしなかった。

¿Porqué siempre soy yo la que tengo que **romper el fuego** contigo?
どうして何でも私からしてあげなくちゃいけないの？

Romper el hielo
❖ *Locución verbal*

Ⓢ Romper la frialdad o la tensión entre dos o más personas.
雰囲気を和ませる

Ⓔ Como ninguno de los asistentes se conocía, les costó a todos **romper el hielo**.
参加者はみな初対面で、お互い打ち解けるのに時間がかかった。

Si nadie se atreve a **romper el hielo**, esta reunión va a ser un desastre.
誰かがこの硬い雰囲気を和らげようとしないと、この会議は大失敗に終わる。

S

Saber a gloria
❖ ⌈ *Locución verbal* ⌉

Ⓢ Ser muy rico. También cualquier cosa que produce mucha felicidad.
とてもおいしい；とても喜ばしい

Ⓔ El último aprobado de la carrera me **supo a gloria**.
大学生活最後の成績はとても嬉しいものだった。

Nos **ha sabido** a todos **a gloria** tu éxito laboral.
君の仕事の成功は我々にも嬉しかったよ。

Saber *algo* al dedillo
❖ ⌈ *Locución verbal* ⌉

Ⓢ Saber algo perfectamente, sin errores ni omisiones.
細部まで正確に知っている

Ⓔ José se **sabe al dedillo** el funcionamiento de esta máquina.
ホセはこの機械の使い方を知り尽くしている。

Me **sabía al dedillo** todos los temas del examen pero los nervios me jugaron una mala pasada y no pude hacer bien el examen.
試験範囲の内容は完璧に理解していたのに、神経が高ぶってしまって、うまくできなかった。

Saber de buena tinta
❖ ⌈ *Locución verbal* ⌉

Ⓢ Saber algo con certeza porque la fuente es de toda confianza.
確かな筋から知る

Ⓔ **Sé de buena tinta** que mañana regresa Juan de su viaje.
明日ホアンが旅行から帰ってくるのは、確かに知っている。

Pensábamos que **sabíamos de buena tinta** la noticia pero al final resultó ser falsa.
信頼できる筋からの情報だと思っていたら、結局、ガセだった。

Sacar a alguien de sus casillas / de quicio

❖ (Locución verbal)

Ⓢ Molestar a otra persona. No soportar algo.
いらいらさせる

Ⓔ Me **sacan de quicio** las máquinas que hablan.
しゃべる機械にはいらっとくるわ。

Me **saca de quicio** que digas siempre lo mismo de mis amigos.
私の友達の悪口を何度も何度もうざいんですけど。

Sacar a colación

❖ (Locución verbal)

Ⓢ Mencionar. Empezar a hablar de un tema que interesa a uno de los hablantes.
話題に出す

Ⓔ No entiendo por qué tuvieron que **sacar a colación** su trabajo de investigación.
なんで彼らの研究の話を持ち出さなければいけなかったのだろう。

José aprovecha cualquier ocasión para **sacar a colación** sus viajes por África.
ホセは機会があるごとに、アフリカ旅行の話を始める。

Sacarle a alguien las castañas del fuego

❖ (Locución verbal)

Ⓢ Solucionarle a alguien los problemas.
火中の栗を拾う、他人の窮地を救う

Ⓔ Empiezo a estar harta de tener que **sacarte** siempre **las castañas del fuego**. Ya tienes que aprender a resolver tus propios problemas.
いい加減、お前のトラブルの面倒を見るのは勘弁だ。自分の問題は自分で解決することを覚えろ。

Tomás siempre ayuda a todo el mundo y luego, nadie es capaz de **sacarle** a él **las castañas del fuego** cuando lo necesita.
トマスは誰にでも手を差しのべるのに、自分が助けを必要としているときは、みんなにそっぽを向かれてしまう。

Sacarle *a alguien* los colores
❖ ⌈ *Locución verbal* ⌉

Ⓢ Avergonzar a una persona.
赤面させる、恥をかかす

Ⓔ Juan estaba presumiendo de su trabajo y **le sacaron los colores** al recordarle que le habían contratado por enchufe. (☞ p.161)
ホアンが自分の仕事を自慢するもんだから、どうせコネ入社じゃないかと言ってやったら、顔を真っ赤にした。

A María **le sacaron los colores** cuando le preguntaron por su novio.
マリアは彼氏のことを聞かれると頬を赤らめる。

Sacarse *algo* de la manga
❖ ⌈ *Locución verbal* ⌉

Ⓢ Hablar sin fundamento. Inventarse algo.
でっち上げる

Ⓔ Esa historia es falsa. Se la **ha sacado** Juan **de la manga**.
それはホアンがでっち上げた嘘だ。

Mira, no **te saques** cosas **de la manga** para hacerte el gracioso.
おい、うけねらいで作り話をするのはやめろ。

Sacarse la espina
❖ ⌈ *Locución verbal* ⌉

Ⓢ Tomarse la revancha de algo.
仕返しする

Ⓔ El primer partido lo perdimos pero, en el segundo, **nos sacamos la espina** y ganamos por goleada.
初戦は負けたけど、2戦目は快勝して借りを返した。

María **se ha sacado la espina** y ayer dejó plantado a Tomás.
昨日、マリアは仕返しに、トマスに待ちぼうけを食わした。

Salir al paso (☞ salir del paso p.149 と混同しないように)

❖ ⌈ *Locución verbal* ⌋

Ⓢ Negar algo. Expresar la opinión contraria.
否認する、反論する

Ⓔ Cuando preguntaron por los fallos de seguridad, los directivos de la empresa **salieron al paso** diciendo que ese problema nunca había existido.
安全性の欠陥について質問を浴びせられると、会社の幹部はそもそもそんな問題は存在していなかったと否認した。

Es inútil que le preguntes, siempre **sale al paso** negándolo todo.
彼をいくら問い詰めても無駄さ、完全に否定するだけだから。

Salirse con la suya

❖ ⌈ *Locución verbal* ⌋

Ⓢ Lograr los objetivos a pesar de la oposición de otras personas.
我を通す、反対を押し切る

Ⓔ No sé cómo se las apaña Oscar pero siempre **se sale con la suya**.
どうして、いつもオスカルの思い通りになるんだろう。

Nos explicó las razones brevemente y **se salió con la suya**.
理由を簡単に説明して、自分の意見を押し通した。

Salir de balde

❖ ⌈ *Locución verbal* ⌋

Ⓢ Cuando algo es gratis o cuando una acción no tiene consecuencias.
タダである；問題にならずに済む

Ⓔ Esta vez tus errores te **han salido de balde**. Ten cuidado porque la próxima vez quizás no tengas tanta suerte.
今回は君のミスは大事に至らなかったけど、いつもそううまくいくとは限らないから気をつけて。

Cuando fuimos a pagar, nos dijeron que estábamos invitados, así que la cena nos **salió de balde**.
お会計をしようと思ったら、今夜はおごりだと言われて、お金を払わずに済んだ。

Salir del paso (☞ salir al paso p.148 と混同しないように)

❖ (Locución verbal)

Ⓢ Resolver una situación aunque sea de forma provisional y precipitada.
その場を凌ぐ

Ⓔ Siempre que te hago una pregunta comprometida **sales del paso** con una evasiva.
ちょっと難しい質問をぶつけると、君はいつも姑息な言い逃れをする。

Juan **salió del paso** con unas explicaciones que no satisficieron a nadie.
ホアンは誰も納得できない言い訳でお茶を濁した。

Salir por peteneras

❖ (Locución verbal)

Ⓢ Desviar la atención haciendo o diciendo algo que no tiene relación con el asunto que se trata.
話をそらす

Ⓔ Le pregunté a Luis por su nuevo trabajo y él me **salió por peteneras** hablando de sus próximas vacaciones.
ルイスに新しい仕事はどうかと訊ねたら、彼は話をそらして、今度の旅行の話を始めた。

No **salgas por peteneras** y respóndeme a la pregunta que te he hecho.
はぐらかさないで、私の質問に答えてよ。

Salir rana

❖ (Locución verbal)

Ⓢ Cuando algo o alguien es peor de como esperábamos.
期待が外れる

Ⓔ – ¿Qué tal el romance de José y Ana? –Pues mal. Al final José **salió rana**.
ーホセとアナはうまくいってるの？ーいや、ホセが残念な男だったって。

Sabía que no me **saldrías rana**, lo que no podía imaginar es que tu trabajo fuera tan bueno.
君が期待を裏切ることはないとわかっていたけど、こんな素晴らしい仕事をしてくれるとは思ってもみなかったよ。

Salir el tiro por la culata
❖ (Locución verbal)

Ⓢ Tener un resultado imprevisto y contrario a las intenciones u objetivos que se pretendían.
当てが外れる、裏目に出る

Ⓔ José pensaba sorprendernos a todos pero le **salió el tiro por la culata** porque ya sabíamos todos la noticia.
私たちをびっくりさせようというホセの思惑は外れてしまったわね。もうみんなそのことは知ってたもの。

Ten cuidado con lo que haces porque te puede **salir el tiro por la culata**.
裏目に出るかもしれないから、気をつけてね。

Saltar a la vista
❖ (Locución verbal)

Ⓢ Ser evidente.
明白である

Ⓔ **Salta a la vista** que José y Antonio no se hablan. En cuanto llega uno, se va el otro.
ホセとアントニオは明らかに仲違いしている。一方が来ると、もう一方はいなくなる。

Salta a la vista que el negocio les va viento en popa. (☞ p.110)
事業が順風満帆に進んでいるのは明らかだ。

Saltarse *algo* a la torera
❖ (Locución verbal)

Ⓢ No respetar las normas o no cumplir con las obligaciones.
（ルールなどを）無視する、務めを果たさない

Ⓔ Pepe **se salta a la torera** las indicaciones del médico. Si sigue así, dudo que se recupere.
ペペは医者の指示を守っておらず、そんなことでは回復しないだろう。

Siempre **os saltáis** los semáforos **a la torera** y algún día tendréis un accidente.
おまえらはいつも信号無視するけど、いつかきっと事故を起こすぞ。

Seguir la corriente

❖ (Locución verbal)

Ⓢ Darle a alguien la razón para que no se enfade, para obtener algún beneficio o para que deje de molestar.
迎合する、機嫌を取る

Ⓔ Al abuelo es mejor **seguirle** siempre **la corriente** porque si no, se enfada.
おじいちゃんにはご機嫌取りをしておいた方がいい。じゃないと不機嫌になるから。

No, no estoy de acuerdo contigo pero te **sigo la corriente** para que no me molestes.
いや、そうは思わないけど、おまえがうるさいから、そういうことにしておくよ。

Sentar la cabeza

❖ (Locución verbal)

Ⓢ Comenzar a actuar con prudencia y sensatez después de haber tenido una vida alocada.
分別がつく

Ⓔ Miguel **sentó la cabeza** después de que naciera su primer hijo.
長男が生まれてから、ミゲルは常識的な人間になった。

Estoy deseando que **sientes la cabeza** y dejes de actuar como un imprudente.
軽率な行為は慎んで、もっと分別をわきまえてくれるといいんだけど。

Sentar como un jarro de agua fría

❖ (Locución verbal) caerと共に使われることもある

Ⓢ Arruinar las expectativas de otra persona.
失望させる

Ⓔ A Juan le **sentó como un jarro de agua fría** que no elogiaras sus cuadros.
君が絵を褒めてあげなかったから、ホアンのやつ、がっかりしてた。

Me **ha sentado como un jarro de agua fría** que no vinieras a mi fiesta de cumpleaños.
私の誕生日パーティに来てくれなくて、がっかり。

Sentar como un tiro

❖ (Locución verbal)

Ⓢ Cuando algo molesta mucho y provoca el enfado.
癪に障る

Ⓔ A María le **ha sentado como un tiro** el comentario que has hecho sobre su vestido.
マリアの服装についてのコメントは、彼女の気に障ったみたいだよ。

Nos **sentó** a todos **como un tiro** que Elisa se fuera sin despedirse.
エリサが黙って行ってしまったのには、かちんときた。

Ser como coser y cantar

✣ (expresion coloquial)

Ⓢ Ser muy fácil.
とても簡単である

Ⓔ Para José, aprender idiomas **es como coser y cantar**. Tiene un don para las lenguas extranjeras.
ホセは語学の才能があるから、彼にとっては外国語を習得することなど朝飯前だ。

Aprender a andar en bicicleta **es como coser y cantar**. Puedes aprender en un par de horas.
自転車なんてたやすく乗れるようになるよ、2、3時間もあれば。

Ser el brazo derecho *de alguien*

❖ (Locución verbal)

Ⓢ Cuando una persona es indispensable para otra.
誰かの右腕

Ⓔ María **se ha convertido en mi brazo derecho**. No puedo hacer nada sin su ayuda.
マリアは私の右腕のような存在になった。もはや彼女の力は不可欠だ。

Paco **es tu brazo derecho** ¿Qué harás cuando se vaya?
パコはあなたの右腕でしょ。彼がいなくなったらどうするの？

Ser el pan nuestro de cada día
❖ (*Locución verbal*)

Ⓢ Algo habitual, que sucede con mucha frecuencia.
日常茶飯事である

Ⓔ Los accidentes en esta línea de tren **son el pan nuestro de cada día**.
この路線では事故が頻発している。

En verano, las tormentas **son el pan nuestro de cada día**.
夏には毎日のように夕立が降る。

Ser el vivo retrato de *alguien*
❖ (*Locución verbal*)

Ⓢ Ser físicamente muy parecido a otra persona.
生き写し

Ⓔ María **es el vivo retrato de** su padre.
マリアは父親に生き写しだ。

No sé porqué dicen que **eres el vivo retrato de** tu hermano. Yo no os encuentro ningún parecido.
なんでみんな、おまえら兄弟が瓜二つだって言うんだろう。全然似てないと思うけどなあ。

Ser harina de otro costal
❖ (*Locución verbal*)

Ⓢ No tener relación un asunto con otro.
別問題

Ⓔ Los problemas de Teresa **son harina de otro costal** y no tienen nada que ver conmigo.
テレサの問題は関係ないでしょ。あたしの知ったこっちゃないわ。

Eso que propones **es harina de otro costal** y no tiene relación con nuestro trabajo.
君の提案は我々の仕事とはまったく別問題だよ。

Ser llevadero
❖ (Locución verbal)

Ⓢ Ser soportable. Fácil de sobrellevar o aguantar.
我慢できる、辛抱できる

Ⓔ Desde hace un mes, mi trabajo **es** más **llevadero** que antes.
1カ月前から、仕事もだいぶましになった。

Cuando tú vienes, la clase **es** mucho más **llevadera**.
君が来てくれたら、このクラスも悪くない。

Ser mano de santo
❉ (expresion coloquial)

Ⓢ Un remedio eficaz.
特効薬である

Ⓔ La leche con miel **es mano de santo** contra el resfriado.
はちみつ入り牛乳は風邪の特効薬だ。

Los consejos que le diste **fueron mano de santo**: No ha vuelto a tener problemas.
あなたのアドバイスは効果てきめんだったわ。あれから一度も問題が起こってないの。

Ser más que suficiente
❖ (Locución verbal)

Ⓢ Ser excesivo. De sobra.
十二分である；過剰である

Ⓔ Me parece que hoy ya hemos bebido **más que suficiente** ¿Qué tal si regresamos a casa?
今日はもう十分すぎるほど飲んだと思うんだが、そろそろ帰らないか？

Hoy he estudiado ocho horas. Creo que, por hoy, **es más que suficiente**. Ahora me voy al cine.
今日は8時間も勉強して、十分すぎると思うから、今から映画を見に行こうっと。

Ser otro cantar

❖ ⟦ *Locución verbal* ⟧

Ⓢ Ser diferente. No tener relación.
別の話である

Ⓔ Eso de lo que me hablas **es otro cantar** y no tiene relación conmigo.
それはまた別の話で、私とは関係ない。

Estamos hablando de tus estudios y las vacaciones **son otro cantar**.
今はおまえの勉強の話をしているんだ。旅行の話は全然関係ない。

Ser palabras mayores

❖ ⟦ *Locución verbal* ⟧

Ⓢ Cuando un asunto es demasiado serio o importante.
重々しい話題

Ⓔ La religión **son palabras mayores**. No creo que sea un tema que podamos tratar a la ligera.
宗教はシリアスなテーマだから、軽々しく語れるものじゃないと思う。

Eso que dices **son palabras mayores** y tendremos que tratarlo por separado.
それは笑いごとでは済まされないな。また別の機会に話し合う必要がある。

Ser pan comido

❖ ⟦ *Locución verbal* ⟧

Ⓢ Ser muy fácil.
とても簡単である

Ⓔ Pensé que el examen de español iba a **ser pan comido**, pero fue muy difícil.
スペイン語のテストなんてちょろいかと思っていたら、かなり難しかった。

Es posible que te parezca difícil pero te aseguro que **es pan comido**.
難しく見えるかもしれないけど、絶対に簡単だから。

Ser papel mojado
❖ (Locución verbal)

Ⓢ Carecer de valor legal o documental.
無効な書類

Ⓔ Todos los acuerdos a los que llegaron quedaron en **papel mojado** porque, al final, se fue a vivir al extranjero.
最終的に、当事者が海外に移り住んだため、取り決めた合意事項はすべて反故になった。

Me parece que ese documento, sin la firma del director, **es papel mojado**.
理事の署名がないこの書類は無効だと思う。

Ser un aguafiestas
✳ (expresion coloquial)

Ⓢ Una persona que arruina los buenos momentos.
興ざめな人

Ⓔ Juan **es un aguafiestas**. Cuando más nos divertíamos, se puso a hablar de sus problemas laborales.
ホアンって興ざめな人。一番盛り上がっているときに、仕事の悩みを話し出すんだから。

¡No **seas aguafiestas**! ¿Como puedes ponerte a hablar de los accidentes aéreos justo antes de que tomemos el avión?
おまえ、まじKYだな。いまから飛行機に乗ろうってのに、飛行機事故の話を始めるとかありえないし。

Ser un arma de doble filo
❖ (Locución verbal)

Ⓢ Algo que es beneficioso y perjudicial al mismo tiempo. Que puede ser peligroso.
諸刃の剣

Ⓔ Trabajar de nuevo en esa empresa **es un arma de doble filo**, o al menos es lo que le ha dicho su abogado.
その企業に転職するのは諸刃の剣だ。まあ、少なくとも彼の弁護士がそう言っていた。

El nuevo trabajo de Luis **es un arma de doble filo** porque, aunque gana mucho dinero, tiene que estar lejos de su familia.
ルイスの新しい仕事は給料が良いが、家族から離れて暮らさなければいけないので、一長一短だ。

Ser un auténtico galimatías

❈ (expresion coloquial)

Ⓢ Algo incomprensible. Sin lógica ni sentido.
ちんぷんかんぷん

Ⓔ La explicación del profesor fue demasiado difícil. Para mí ha **sido un auténtico galimatías**.
教授の説明が難しすぎて、まるでちんぷんかんぷんな講義だった。

Eso que nos dices **es un auténtico galimatías** y no tiene ni pies ni cabeza. (☞ p.127)
君の言っていることは筋が通っていない。まったく意味不明だよ。

Ser un berzas

❈ (expresion coloquial)

Ⓢ Ser tonto; flojo de carácter.
馬鹿；小心者

Ⓔ José **es un berzas**, no sabe imponer sus ideas.
ホセは小心者で、自分の意見を押し付けることができない。

¡No **seas berzas**! ¿Cómo vamos a salir ahora de casa con lo que llueve?
バカ言うな！こんな大雨で外出できるわけがなかろうが。

Ser un manitas

❖ (Locución verbal)

Ⓢ Ser muy hábil con los trabajos manuales.
手先が器用である

Ⓔ Este jarrón lo hizo María. La verdad es que **es una manitas**.
この壺はマリアが作ったのよ。本当に器用なんだから。

Tenía el jardín hecho una selva pero José, que **es un manitas** con la jardinería, en una tarde me lo dejó precioso.
庭がジャングルみたいになっていたけど、ガーデニングが得意なホセが、午後のうちにきれいにしてくれた。

Ser un hueso
❖ (*Locución verbal*)

Ⓢ Ser muy severo o estricto.
厳格な人

Ⓔ Este profesor **es un hueso**. Sus clases son difíciles y aburridas.
この教師は鬼だ。授業は難しいしつまらない。

Ese tío **es un hueso**; es normal que su novia le haya abandonado.
あいつはやたらと堅苦しくて、彼女に振られたのも当たり前だ。

Ser una birria
❖ (*expresion coloquial*)

Ⓢ De ínfima calidad.
ろくでもない、お粗末

Ⓔ Siento desilusionarte pero tu libro **es una birria**.
失望させて悪いが、君のその本はろくでもないな。

Lo siento, la comida de hoy **es una birria**. Es que no he tenido tiempo para cocinar nada mejor.
今夜はお粗末な料理でごめんなさい。料理する時間がほとんどなかったの。

Ser una mosca cojonera
❖ (*expresion coloquial*)

Ⓢ Una persona molesta, pesada e insistente.
しつこくてうっとおしい人

Ⓔ María, en la calle es una mosquita muerta (☞ p.159), pero en casa **es una mosca cojonera**.
マリアは内弁慶だ。

No **seas mosca cojonera** y déjame tranquila.
うるさくするな、放っておいてくれ。

Ser una mosquita muerta

❊ *expresion coloquial*

Ⓢ Ser de carácter débil. Apocado. Tímido.

小心者、臆病者

Ⓔ María **es una mosquita muerta**. Siempre que viene, se sienta en una silla y no despega los labios hasta que se va.

マリアは内気な性格で、顔を出してもいつも帰るまで黙ったまま座っている。

Ten cuidado con José. Parece **una mosquita muerta** pero cuando se enfada cambia por completo.

ホセは要注意だ。猫をかぶっているけど、怒ると別人になるから。

Si te he visto no me acuerdo

D

❊ *expresion coloquial*

Ⓢ Cuando una persona no quiere volver a saber nada de otra persona o de algún asunto.

恩知らずな人を皮肉る表現

Ⓔ Después de todo lo que ayudamos a Carlos, ahora **¡si te he visto no me acuerdo!**, no quiere saber nada de nosotros.

あれだけ手伝ってあげたのに、カルロスは知らん顔して、そんな覚えはないだって。

Le presté el dinero a Miguel y **¡si te he visto no me acuerdo!** No tiene ninguna intención de devolvérmelo.

ミゲルに金を貸したのに、まったく返す気がないらしい。記憶にございませんってか？

Sin comerlo ni beberlo

✣ *Locución adverbial*

Ⓢ Sin querer. De forma accidental.

思いもかけず、図らずも

Ⓔ Quería haber regresado pronto a casa pero **sin comerlo ni beberlo** me fui liando en la oficina y salí a las diez de la noche.

早く家に帰りたかったのに、つい拘束されて、オフィスを後にしたのは夜10時だった。

Sin comerlo ni beberlo Juan se ha visto involucrado en una pelea.

ホアンは何もしていないのにケンカに巻き込まれてしまった。

Sin ton ni son
Locución adverbial

Ⓢ Hacer algo sin motivo; sin pensar.
理由もなく

Ⓔ Yo no le conocía, sólo sé que **sin ton ni son** vino hacia mí y me dio dos besos.
とにかく誰だか知らないけど、わけもなくつかつかとやって来て、両頬にキスしていったんだよ。

A veces José hace cosas raras. Ayer por ejemplo, se puso a cantar **sin ton ni son**, en la oficina.
ホセはたまにおかしなことをする。例えば昨日は、職場でわけもなく歌い出した。

Sonar la flauta por casualidad
Locución verbal

Ⓢ Acertar de forma casual.
まぐれあたりする

Ⓔ Respondí lo primero que se me ocurrió y **sonó la flauta por casualidad**.
最初に頭に浮かんだことを答えたら、まぐれで当たってしまった。

Estaba despistada y me subí al primer autobús que pasó. Menos mal que **sonó la flauta por casualidad**.
ぼんやりしたまま、たまたま来た1本目のバスに乗ったら、運よく目的のバスで助かった。

T

Tener buena mano
❖ ⟨ *Locución verbal* ⟩

Ⓢ Ser hábil.
巧みである、腕がある

Ⓔ Miguel **tiene** muy **buena mano** con los niños y le adoran.
ミゲルは子供の扱いがうまいから、子供たちにとても好かれている。

Carmen **tiene** muy **buena mano** en la cocina. Todo lo que guisa está rico.
カルメンは料理の腕が抜群で、彼女の手料理はどれもおいしい。

Tener enchufe
❖ ⟨ *Locución verbal* ⟩

Ⓢ Contar con la protección y ayuda de alguien jerárquicamente superior.
コネがある

Ⓔ Paco es un inútil y si todavía no le han despedido es porque **tiene enchufe** en su oficina.
能なしのパコがいまだに解雇されないのは、コネがあるからだ。

Juan **tiene enchufe** con el profesor porque son parientes. Por eso siempre saca buenas notas.
ホアンは教授と親戚だから、ひいきされていつも良い成績を取る。

Tener la fiesta en paz
❖ ⟨ *Locución verbal* ⟩

Ⓢ No querer empezar una discusión.
口論をしない

Ⓔ ¡No empieces! ¿No ves que estoy cansado y que esta noche quiero **tener la fiesta en paz**?
やめろよ！今夜は疲れてて、口論する気はないってわからない？

María y Carmen se llevan fatal. Cuando están juntas no conseguimos que **tengan la fiesta en paz**.
マリアとカルメンは犬猿の仲だ。あの二人が一緒になると、楽しい席が台無しになる。

Tener la lengua muy larga
❖ ⌈ *Locución verbal* ⌉

Ⓢ Hablar demasiado y de forma inoportuna. No saber guardar un secreto. Ser maldiciente.
口が軽い；口が悪い

Ⓔ José **tiene la lengua muy larga**. Seguro que le cuenta a todo el mundo que nos ha visto juntos.
ホセはおしゃべりだから、間違いなく、我々が一緒にいたことをしゃべり散らすだろう。

Laura seguro que nos pone verdes (☞ p.139); ya sabes que **tiene la lengua muy larga**.
ラウラはきっと俺らの悪口を言っているだろうよ。毒舌家だからな。

Tener la sangre de horchata
✼ ⌈ *expresion coloquial* ⌉

Ⓢ Ser pusilánime.
臆病である；無感動である

Ⓔ Si tanto te gusta esa chica, no seas cobarde y pídele una cita. ¡Parece que **tienes la sangre de horchata**!
あの子のことがそんなに好きなら、尻込みしないでデートに誘えよ、この意気地なし！

¿Cómo pudiste aguantar el discurso sin emocionarte? ¡Hijo, tú **tienes la sangre de horchata**!
あのスピーチを聞いて感動しないなんて、あんた、鈍感なのね！

Tener la sartén por el mango
❖ ⌈ *Locución verbal* ⌉

Ⓢ Ejercer el poder o tener el dominio.
主導権を握る、支配する

Ⓔ En este momento soy yo la que **tengo la sartén por el mango** y la que pongo las condiciones.
今、主導権を握っていて、条件を提示するのは、この私。

En mi oficina, el director no pinta nada. El que **tiene la sartén por el mango** es el subdirector.
うちの部署では、部長は完全に影が薄く、舵取りをしているのは次長だ。

Tener las manos limpias
❖ ⌈ *Locución verbal* ⌉

Ⓢ No estar involucrado en ningún delito. Ser inocente.
無実である

Ⓔ Todos piensan que Juan es el culpable del robo, pero yo creo que **tiene las manos limpias**.
盗んだのはホアンだと思われているけど、僕は無実の罪だと思う。

En este caso de corrupción, no **tiene las manos limpias** ni el Ministro.
これは組織ぐるみの汚職事件だ。

Tener mala pata
❖ ⌈ *Locución verbal* ⌉

Ⓢ Tener mala suerte.
運が悪い

Ⓔ ¡**Qué mala pata**! Justo hoy que viene María, yo tengo que salir de viaje.
ついてないなあ。ちょうど今日マリアが来るというのに、旅行に出なきゃいけないなんて。

¡**Qué mala pata hemos tenido**! Hemos perdido el tren por un minuto.
私たち、ついてないわ、1分差で電車に乗り遅れちゃうなんて。

Tener mala uva
❖ ⌈ *Locución verbal* ⌉ estar de mala uva の形で使われることもある

Ⓢ Estar enfadado. Actuar con mala idea, con intención de causar daño.
機嫌が悪い；意地が悪い

Ⓔ Juan **tiene mala uva** y, como no le cae bien Luisa, hace todo lo posible para molestarla.
ホアンは意地が悪く、ルイサのことが気に食わないからと、あらゆる嫌がらせをする。

Parece que hoy Laura **está** de **mala uva**, así que será mejor no preguntarle si quiere tomar un café con nosotros.
今日はラウラの機嫌が悪いみたいだから、お茶に誘わない方がいいね。

Tener mano izquierda

❖ ⟦ *Locución verbal* ⟧

Ⓢ Saber controlar las situaciones difíciles o complicadas. Saber manejar a las personas de carácter difícil.
手腕がある；人の扱いがうまい

Ⓔ María **tiene** mucha **mano izquierda** con su hermano. Es a la única que hace caso.
マリアは弟の扱いがうまく、彼もマリアの言うことだけは聞く。

El nuevo profesor de español no **tiene mano izquierda** en la clase y los alumnos lo detestan.
スペイン語の新しい先生はクラスをまとめる力がなく、生徒から嫌われている。

Tener maña

❖ ⟦ *Locución verbal* ⟧

Ⓢ Tener habilidad. Ser diestro en algo.
器用である、こつを知っている

Ⓔ Le pediré a José que me ayude a podar los árboles porque **tiene** mucha **maña** para estas cosas.
木の剪定を手伝ってくれとホセに頼んだ。あいつはそういうことが得意だから。

Para algunos trabajos, vale más **tener maña** que tener fuerza.
体力よりコツが重要な作業もある。

Tener más cara que espalda

❖ ⟦ *Locución verbal* ⟧

Ⓢ Se dice de las personas desvergonzadas, atrevidas o descaradas en exceso.
厚顔無恥である

Ⓔ Lucas **tiene más cara que espalda**. Le presté dinero la semana pasada y hoy, en lugar de devolvérmelo, viene y me pide más.
ルーカスはまったくずうずうしいやつで、先週お金を貸したのに、今日はそれを返すどころか更にねだりに来た。

¿Has dicho en el trabajo que estás resfriado para irte al cine? ¡Tú **tienes más cara que espalda**!
仮病を使って仕事をサボって、映画を観に行っただと？いい根性してんなあ！

Tener más cuento que Calleja
❖ ⌈ *Locución verbal* ⌉

Ⓢ Ser un mentiroso. Ser un exagerado.
ほら吹きである；おおげさである

Ⓔ No hagas caso de lo que te diga Enrique porque **tiene más cuento que Calleja**.
エンリケはほら吹きだからまじめに取り合うな。

¡No te quejes tanto por un simple dolor de cabeza que parece que **tienes más cuento que Calleja**!
ちょっと頭が痛いくらいでぎゃあぎゃあ言わないの。まったくおおげさなんだから。

Tener más miedo que vergüenza
❖ ⌈ *Locución verbal* ⌉

Ⓢ Sentir mucho miedo.
ひどく怖がる

Ⓔ Nos dijo a todos que iba a correr en los sanfermines, pero no creo que lo haga porque **tiene más miedo que vergüenza**.
サンフェルミンの牛追いに参加すると言ったけど、あいつは本当に怖がりだから無理だと思うな。

Si José no se ha casado todavía es porque **tiene más miedo que vergüenza** a asumir responsabilidades.
ホセが今もって結婚していないのは、責任を負うのが怖いからだ。

Tener muchas horas de vuelo
❖ ⌈ *Locución verbal* ⌉

Ⓢ Tener mucha experiencia.
経験豊富である

Ⓔ Teresa es muy buena profesora; además, **tiene muchas horas de vuelo** dentro del aula.
テレサは本当に良い先生で、その上、経験も豊かだ。

A pesar de **tener muchas horas de vuelo** como concertista, Jaime todavía se pone nervioso cuando da un concierto.
ハイメは演奏歴が長いのに、今でもコンサートになると緊張する。

Tener un as en la manga
❖ ⌈ *Locución verbal* ⌉

Ⓢ Tener un último recurso, sorpresa o solución reservado para el último momento.
切り札がある

Ⓔ Hasta que no esté firmado el contrato no estaré tranquilo. Es posible que, a última hora, se saquen **un as de la manga** y quieran cambiar todas las condiciones.
契約が成立するまで安心できない。最後の最後に奥の手を出して、条件を全部変えてくるかもしれないから。

Confía en Juan. Me ha dicho que **tiene un as en la manga** y que va a solucionar el problema fácilmente.
ホアンを信じるんだ。とっておきの秘策があって、簡単に解決してみせると言ってたから。

Tener vista de lince
❖ ⌈ *Locución verbal* ⌉

Ⓢ Tener una vista muy buena. Ver muy bien.
視力が良い

Ⓔ ¿Cómo puedes leer lo que pone en aquel cartel? **Tienes** una **vista de lince**.
あの張り紙の文字を読めるなんて、すごい視力だね。

Mi padre cuando era joven **tenía** una **vista de lince** pero ahora necesita gafas.
父さんは若かったときは目が良かったらしいけど、今では眼鏡が必要になってしまった。

Tenerla tomada con *alguien*
❖ ⌈ *Locución verbal* ⌉

Ⓢ Tener manía u ojeriza a alguien.
ひどく嫌う、悪意を持つ

Ⓔ La profesora **la tiene tomada conmigo**. Aprovecha cualquier ocasión para reprenderme delante de todos.
先生は私のことが嫌いみたいで、何かにつけて、みんなの前で私を叱る。

No sé porqué **la has tomado conmigo**. Parece que te molesta todo lo que hago.
なんで俺のことを毛嫌いするんだ。俺がやることすべてが気に食わないみたいだな。

Tirar de la lengua
❖ (Locución verbal)

Ⓢ Sonsacar a alguien sobre un asunto del que quizás no se quiere hablar.
白状させる

Ⓔ Estuve toda la tarde **tirándole** a Luis **de la lengua**, pero él no quiso decirme nada sobre sus planes.
ルイスに口を割らせようとねばったのに、計画について何も話してくれなかった。

Ten cuidado con mi madre porque va a empezar a **tirarte de la lengua** hasta que le cuentes todo lo que ella quiere saber.
うちのおふくろには気をつけろ。知りたいことを全部白状するまで、聞き出そうとするから。

Tirar la casa por la ventana
❖ (Locución verbal)

Ⓢ Derrochar. Hacer grandes gastos.
お金をたくさん使う、散財する

Ⓔ Este año, en mi oficina **han tirado la casa por la ventana** para organizar la fiesta de Navidad.
今年は職場のクリスマスパーティに大金がかかった。

José y Lucía **tiraron la casa por la ventana** en la boda de su hija.
ホセとルシアは、娘の結婚式に惜しみなくお金を遣った。

Tirar la piedra y esconder la mano
❖ (Locución verbal)

Ⓢ Ser un hipócrita. Hacer algo y negarlo después.
責任逃れする

Ⓔ No te fíes de Ramón, es de los que **tiran la piedra y esconden la mano**.
ラモンは無責任なやつだから、信用するな。

Tienes que dar la cara. **No** puedes **tirar la piedra y esconder la mano**.
逃げ隠れしてないで、ちゃんと責任を取りなさい。

Tirar la toalla
❖ (Locución verbal)

Ⓢ Rendirse. Abandonar en la consecución de los objetivos.
さじを投げる、白旗をあげる

Ⓔ No pienso **tirar la toalla** todavía. Pienso insistir hasta que me des una respuesta afirmativa.
まだ引き下がらないよ。OKしてくれるまで、しつこく言うから。

No estoy de acuerdo con que José esté en el equipo porque es de los que **tiran la toalla** enseguida.
ホセはすぐギブアップするから、彼をチームに加えるのは反対だ。

Tirarle *a alguien* los tejos
❖ (Locución verbal)

Ⓢ Intentar establecer una relación amorosa.
言い寄る、モーションをかける

Ⓔ Se ve que le gustas mucho a Carlos porque lleva todo el día **tirándote los tejos**.
カルロスはずっと彼女のことを口説いていて、かなり好意を持っているのは明らかだ。

Le tiré los tejos a Miguel, pero él no me hizo ni caso.
ミゲルを振り向かせようとしたのに、まったく相手にされなかった。

Tirarse los trastos a la cabeza
❖ (Locución verbal)

Ⓢ Discutir violentamente.
激しく口論する

Ⓔ Pepe y Luisa llevan cuarenta años **tirándose los trastos a la cabeza**. No entiendo porqué no se divorcian.
ぺぺとルイサは40年間も言い争いが絶えず、なぜ離婚しないのか謎だ。

Estoy harto de que nos **tiremos los trastos a la cabeza**. Ya no puedo más. ¡Adiós!
こんな罵り合いの喧嘩はうんざりだ。もう無理。あばよ！

Tomar *a alguien* por el pito de un sereno
❖ ⌈ *Locución verbal* ⌉

Ⓢ No hacer caso o no tener respeto por una persona.
無視する、蔑ろにする

Ⓔ María **toma** a su abuelo **por el pito de un sereno** y no le hace ningún caso.
マリアは祖父を蔑ろにして、まったく相手にしない。

¡Escucha lo que te estoy diciendo y deja de **tomarme por el pito de un sereno**!
無視しないで、私の話を聞いてよ。

Tomarse *algo* a pecho
❖ ⌈ *Locución verbal* ⌉

Ⓢ Darle a algún asunto más importancia de la que realmente tiene.
気にしすぎる、真に受ける

Ⓔ Ramón **se toma a pecho** todo lo que se le dice y enseguida se preocupa.
ラモンは言われたことを真剣に受け止めすぎで、すぐ頭を抱えてしまう。

No **te tomes a pecho** lo que te ha dicho José. Yo creo que estaba hablando en broma.
ホセに言われたことを真に受けるな。きっと冗談だから。

Traer por la calle de la amargura
❖ ⌈ *Locución verbal* ⌉

Ⓢ Causar gran disgusto, preocupación o angustia.
苦しませる、辛い思いをさせる

Ⓔ Este semestre los exámenes me **han traído por la calle de la amargura**.
今学期は試験に散々苦しめられた。

Nuestro hijo nos **trae por la calle de la amargura**: no quiere estudiar, falta a la escuela, suspende los exámenes...
息子は私たち夫婦に絶えず心配をかける。勉強しないわ、学校をサボるわ、落第するわ…。

U

Un día es un día

✻ *expresion coloquial*

Ⓢ Se usa para justificar una acción inusual o un gasto extraordinario que se hace con motivo de una celebración.
1日限りのことだからと、自分の行動を正当化する表現

Ⓔ No tomo nunca alcohol pero hoy es mi cumpleaños y... ¡**un día es un día**!
俺は酒を飲まないのだけど、今日は誕生日だし…。よし、今日だけは特別だ！

Este libro es muy caro pero...**un día es un día**, así que lo voy a comprar.
この本はかなり高いけど、今回だけは特別だ、買っちゃえ。

Un tira y afloja

✻ *Locución sustantiva*

Ⓢ Un forcejeo entre las opiniones o preferencias de varias personas.
押したり引いたりの駆け引き

Ⓔ ¡Deja ya este **tira y afloja** inútil! ¿No ves que no voy a negociar contigo?
無駄な駆け引きはやめなよ。あなたと取引するつもりはないの、わからない？

Estuvieron toda la tarde negociando en **un tira y afloja** y, por fin, a las diez de la noche llegaron a un acuerdo.
長時間にわたる虚々実々の交渉の末、ようやく合意に達した。

Unos por otros, la casa sin barrer

✼ (*expresion coloquial*)

Ⓢ Cuando hay muchas personas disponibles para hacer algo pero al final no lo hace nadie.
誰かがやると思って結局誰もやらない

Ⓔ Juan dijo que él iba a hacer la paella; Antonio dijo que él haría las tortillas pero, al final, **unos por otros, la casa sin barrer**: Tuvimos que comprar pizza.
ホアンは自分がパエリアを作る、アントニオは自分がトルティーヤを作ると言ったが、それぞれがお互いの言葉を信じて、結局はピザの出前を頼むはめになった。

Todos se ofrecieron para ir a recogerme al aeropuerto y, cuando llegué no había nadie. Ya se sabe: **unos por otros, la casa sin barrer**.
みんな空港まで迎えに来てくれると言っていたのに、着いてみたら誰もいなかった。どうせ誰かが行くとみんな思ったんだろう。

V

Vender *algo* como churros
❖ (*Locución verbal*)

Ⓢ Cuando algo es muy popular y tiene gran aceptación.
飛ぶように売れる、流行する

Ⓔ Los helados de esta heladería se **venden como churros** porque son riquísimos.
このアイスクリームショップのアイスクリームはものすごくおいしくて、爆発的に売れている。

Este videojuego de acción se está **vendiendo como churros** y suele estar agotado en las tiendas.
このアクションゲームのソフトは大ヒットしていて、いつも売り切れ状態だ。

Venir a cuento
❖ (*Locución verbal*)

Ⓢ Tener relación una cosa con otra. Proceder.
適切である、関係がある

Ⓔ Ahora estamos de vacaciones. No **viene a cuento** que nos expliques los problemas de tu trabajo.
せっかくの旅行中に、仕事の問題を説明されてもなあ。

¿Crees que **viene a cuento** que te eches la siesta justo hoy que han venido a casa tus amigos?
お友達が遊びに来ているときに、お昼寝なんかしていいと思っているの？

Venir al pelo
❖ ⟨ *Locución verbal* ⟩

Ⓢ Ser conveniente y en el momento oportuno.
都合が良い、タイミングが良い

Ⓔ Muchas gracias por el libro que me has prestado. Me **viene al pelo** porque estoy muy interesada en este tema.
あの本を貸してくれて、どうもありがとう。興味のあるテーマで、ちょうど良かったよ。

Las vacaciones en España te van a **venir al pelo** para mejorar el español.
スペインへの旅行は、スペイン語を上達させる良い機会になるよ。

Venirse a menos
❖ ⟨ *Locución verbal* ⟩

Ⓢ Desmoralizarse. Arruinarse. Perder relevancia económica o social.
凋落する、衰退する

Ⓔ Proviene de una familia muy influyente, pero después de la guerra **se vinieron a menos**.
有力な家系に生まれたが、内戦後に一家は落ちぶれてしまった。

Tenían un negocio muy floreciente, pero con la crisis económica **se vinieron a menos**.
経済危機に伴い、とても繁盛していた商売が傾いてしまった。

Ver las estrellas
❖ ⟨ *Locución verbal* ⟩

Ⓢ Sentir un dolor muy intenso.
激痛が走る、目から火が出る

Ⓔ Fui ayer al dentista y me hizo **ver las estrellas**.
昨日は歯医者に行って、ものすごく痛い思いをした。

Aunque no se queja, ha tenido que **ver las estrellas** con el golpe que se ha dado.
声も出さず我慢しているようだけど、あんなに思いっきりぶつけたら、相当痛かったに違いない。

Verle las orejas al lobo
❖ (Locución verbal)

Ⓢ Ver de cerca el peligro y quedar escarmentado.
怖い思いをする、危険な目にあって懲りる

Ⓔ Ahora que se acercan los exámenes parece que Tomás **le** ha empezado a **ver las orejas al lobo** y se ha puesto a estudiar.
トマスは今頃になってテストがやばいと気づいたらしく、やっと勉強を始めた。

Cuando tuvo el accidente de tráfico **le vio las orejas al lobo**. Ahora conduce con mucha precaución.
彼女は事故で怖い思いをしてからは、とても慎重に運転している。

Ver los toros desde la barrera
❖ (Locución verbal)

Ⓢ Observar una situación desde fuera, sin intervenir en ella.
高みの見物をする

Ⓔ José siempre prefiere **ver los toros desde la barrera** y nunca participa en ninguna actividad.
ホセはどんな作業にも加わらず、ただひたすら傍観している。

Sí, tienes razón en que **ver los toros desde la barrera** causa menos problemas, pero también te diviertes menos.
そりゃ、遠巻きに見てたら面倒は少ないけど、面白みにも欠けるじゃん。

Vérselas y deseárselas
❖ (Locución verbal)

Ⓢ Esforzarse mucho para conseguir algo y, generalmente, no lograrlo.
尽力する、四苦八苦する

Ⓔ **Me las vi y me las deseé** para encontrar **tu** dirección. Finalmente tomé un taxi.
君の家を必死に探し回ったけど、結局タクシーを捕まえて行くことになった。

Juan **se las vio y se las deseó** para dormir al bebé y al final tuvo que dormirlo su mujer.
ホアンは赤ちゃんを寝かせようと奮闘したが、結局は奥さんがやらねばならなかった。

Vérsele *a alguien* el plumero
❖ ⌈ *Locución verbal* ⌉

Ⓢ Cuando vemos las intenciones ocultas de otra persona.
本心を見せる

Ⓔ No digas que ya no te interesa María porque **se te ve el plumero**.
マリアに興味がなくなったなんて言わなくても、本音はちゃんと顔に書いてあるよ。

José dice que no le gusta el fútbol pero **se le ve el plumero** porque no se pierde un partido.
ホセはサッカーが嫌いだと言うけど、毎試合欠かさず見ていることから察するに、それは本心ではないらしい。

Victoria pírrica
✳ ⌈ *Locución sustantiva* ⌉

Ⓢ Conseguir una victoria con más perjuicios o daños que beneficios.
犠牲が多くて引き合わない勝利

Ⓔ Sí, hemos ganado el partido, pero ha sido una **victoria pírrica** porque hemos terminado con cuatro jugadores lesionados.
うん、勝つには勝ったけど、選手が4人も負傷して、苦い勝利だったよ。

Consiguió imponer sus ideas pero fue una **victoria pírrica** porque sus amigos ya no le hablan.
彼は自分の考えを押し通したものの、友達に口をきいてもらえなくなり、割に合わなかった。

Visto y no visto
❖ ⌈ *Locución verbal* ⌉ ser と共に

Ⓢ Cuando sucede algo rápidamente, en muy poco tiempo.
（出来事が）あっという間である

Ⓔ A los niños les ha gustado el chocolate porque **ha sido visto y no visto**.
あっという間に食べきってしまうほど、子供たちはチョコレートが好きだ。

Vinieron a la fiesta y al momento, se fueron. **Fue visto y no visto**.
パーティに来たと思ったら、すぐに行ってしまったよ。ほんと一瞬だったね。

Vivir del cuento
❖ ⟮ Locución verbal ⟯

Ⓢ Vivir sin trabajar.
働かずに暮らす

Ⓔ Este muchacho parece que quiere **vivir** toda la vida **del cuento**. Ya tiene treinta años y todavía vive con sus padres y no trabaja.
こいつは一生パラサイトするつもりか。三十路にもなって、働かずに親元で暮らしているなんて。

En cuanto termines la universidad debes ponerte a trabajar. No puedes **vivir del cuento** en casa de tus padres.
大学を卒業したらちゃんと働きなよ、親のすねをかじっていないで。

Volver a las andadas
❖ ⟮ Locución verbal ⟯

Ⓢ Reincidir en una mala costumbre o repetir una mala acción.
また悪い癖が出る

Ⓔ Había dejado de fumar pero otra vez **ha vuelto a las andadas**.
禁煙したのに、またタバコを吸い始めてしまった。

Pensé que no me ibas a volver mentir pero ya veo que **has vuelto a las andadas**.
もう私に嘘はつかないと思ってたのに、やっぱり変わってないのね。

¡Vuelta la burra al trigo!
❖ ⟮ Locución interjectiva ⟯

Ⓢ Insistir una y otra vez en un asunto que ya se ha dado por terminado.
もうたくさんだ！

Ⓔ Y **vuelta la burra al trigo**. ¿Cuántas veces tengo que decirte que no quiero ir al cine contigo?
しつこいなあ、一緒に映画に行きたくないと何回言ったらわかるのさ？

Me he cansado de explicarte como debes hacer este trabajo pero **¡vuelta la burra al trigo!** Otra vez me lo vuelves a preguntar.
作業の仕方は疲れるほど説明したのに、また訊きに来るのね。もういい加減にして！

EJERCICIO DE VOCABULARIO

Sustituyan las expresiones en negrita por la opción adecuada.
太字の部分と同じ意味の表現を選択肢から選びなさい。

1. En el Parador de Granada estaremos **a cuerpo de rey**.
   a. Confortablemente
   b. Ocupados
   c. Cerca del rey
   d. Cansados

2. Dame, aunque sea **a grandes rasgos**, tu opinión sobre la película.
   a. Con detalle
   b. Con prisa
   c. Resumidamente
   d. Mala

3. Después de las vacaciones nos quedamos **a dos velas**.
   a. Sin dinero
   b. Sin trabajo
   c. Sin luz
   d. Sin fuerzas

4. Ayer me quedé trabajando **hasta las tantas**.
   a. Con muchas personas
   b. Hasta muy tarde
   c. Muchas horas
   d. Muy deprisa

5. No me hagas tomar una decisión **a marchas forzadas**.
   a. Que no quiero
   b. Por fuerza
   c. Sin ganas
   d. Precipitadamente

6. Calculando **a ojo**, tu maleta debe pesar unos diez quilos.
    a. Por el tamaño
    b. Por el volumen
    c. Sin precisión
    d. Exactamente

7. Si continúas preguntándole **a quemarropa**, se enfadará.
    a. Tontería
    b. Indiscreciones
    c. Bruscamente
    d. Directamente

8. Seguí la receta **al pie de la letra** pero la tarta no estaba rica.
    a. Desde abajo
    b. Textualmente
    c. Por encima
    d. Despacio

9. Si vas a venir **a regañadientes**, será mejor que te quedes en casa.
    a. Para molestarnos
    b. Con mucha prisa
    c. Con poco tiempo
    d. Sin ganas

10. **A toro pasado** es muy fácil ver la solución.
    a. En los toros
    b. Antes
    c. Después
    d. Con cuidado

11. Ha aprobado la carrera **a trancas y barrancas** y no creo que llegue a ser un buen ingeniero.
    a. Con dificultad
    b. Con mérito
    c. Con trampas
    d. Por amistad

12. A veces parece que **te ahogas en un vaso de agua**.
    a. Bebes demasiado
    b. Que no te gusta el agua
    c. Que eres un artista
    d. Eres un inútil

13. No iré contigo porque **al fin y al cabo** el viaje que me propones no me parece tan interesante.
    a. En definitiva
    b. Al final
    c. Al principio
    d. Por lo tanto

14. Ándate **con pies de plomo** si no quieres que me enfade contigo.
    a. Con cuidado
    b. Despacio
    c. Rápido
    d. De forma alegre

15. **Atando cabos** me di cuenta de que todo lo que dices es mentira.
    a. Pensando
    b. Discutiendo
    c. Hablando
    d. Relacionando ideas

16. Yo no te propongo hacer nada **bajo cuerda**. Creo que me malinterpretas.
    a. Obligatoriamente
    b. Ilegal
    c. Que no quieras
    d. Que no te guste

17. Carmen me molesta **cada dos por tres** con tonterías.
    a. Seis días a la semana
    b. Cada dos o tres horas
    c. Frecuentemente
    d. Casi nunca

18. Si se enteran de lo que he hecho **se me caerá el pelo**.
    a. Tendré problemas
    b. Me quedaré calvo
    c. Sabrán que miento
    d. Tendré que irme

19. En cuanto le amenazaron, **cantó de plano**.
    a. Confesó sus crímenes
    b. Acusó a sus amigos
    c. Mintió para protegerse
    d. Lo contó todo

20. Eres demasiado susceptible y **coges rebotes** por cualquier cosa.
    a. Saltas fácilmente
    b. Juegas al baloncesto
    c. Te vas
    d. Te enfadas

21. Pensé que **cogías las cosas al vuelo** pero ya veo que no.
    a. Cazabas moscas
    b. Entendías fácilmente
    c. Tenías buenos reflejos
    d. Te gustaba viajar

22. El corazón del abuelo **va como una seda**.
    a. Funciona muy bien
    b. Está oprimido
    c. Está a punto de pararse
    d. Está lleno de preocupaciones

23. Mis amigos se pusieron **como unas castañuelas** al escuchar la noticia.
    a. A bailar flamenco
    b. A cantar
    c. A hacer ruido
    d. Contentísimos

24. No lo niegues porque te hemos pillado **con las manos en la masa**.
    a. Haciendo el pan
    b. Comiendo
    c. In fraganti
    d. Con las manos sucias

25. Me dio su dirección **con pelos y señales** y llegamos sin problemas.
    a. Sin equivocaciones
    b. Detalladamente
    c. Por escrito
    d. Con un dibujo

26. A la reunión asistieron **cuatro gatos**.
    a. Pocas personas
    b. Solo mis amigos
    c. Cuatro personas
    d. Las personas más importantes

27. **Me diste el día** no viniendo a la fiesta.
    a. Me mentiste
    b. Me olvidaste
    c. Me alegraste
    d. Me entristeciste

28. Espero que no **deis al traste con** mis vacaciones.
    a. Cambiéis
    b. Canceléis
    c. Adelantéis
    d. Arruinéis

29. Me duele que **me des de lado**.
    a. Me golpees en el costado
    b. Me trates mal
    c. No me sonrías
    d. Me ignores

30. Ya te conozco así que no intentes **darme gato por liebre**.
    a. Convencerme
    b. Engañarme
    c. Venderme algo que no quiero
    d. Enfadarme

31. Antonio no quiso **dar la cara** y no acudió a la cita.
    a. Mirarse al espejo
    b. Enfrentarse a la situación
    c. Vernos
    d. Hablar con nosotros

32. ¡Deja ya de **darme la lata**!
    a. Darme cerveza
    b. Meterme prisa
    c. Obligarme
    d. Molestarme

33. No quiero **dar por zanjada** esta conversación sin explicarte un par de cosas.
    a. Concluir
    b. Estropear
    c. Empezar
    d. Planear

34. Ayer **le di un toque a** Víctor porque ya estoy harta de que llegue siempre tarde.
    a. Grité a
    b. Pegué a
    c. Me enfadé con
    d. Amonesté a

35. Ya me puedo dar **con un canto en los dientes** si consigo que me respondas.
    a. Prisa
    b. Por satisfecha
    c. Por enterada
    d. Por vencida

36. Madrid es la ciudad más bonita **como de aquí a Lima**.
    a. Del mundo
    b. Que Lima
    c. Que otras
    d. Sin comparación

37. Ayer me encontré con José **de chiripa** porque no suelo ir por ese camino.
    a. De pronto
    b. De repente
    c. Casualmente
    d. Por sorpresa

38. Todas mis alhajas son **de pacotilla**.
    a. Falsas
    b. Carísimas
    c. Rarísimas
    d. De plástico

39. ¿Por qué te cuesta tanto decirme **de una vez por todas** lo que piensas realmente de mí?
    a. Sin embargo
    b. Siempre
    c. La verdad de
    d. Definitivamente

40. La próxima vez que **me dejéis colgado** no os volveré a dirigir la palabra.
    a. Me engañéis
    b. Me robéis
    c. Me abandonéis
    d. Me mintáis

41. Ayer **me dejé en el tintero** que el trabajo debe estar listo antes del domingo.
    a. Te dije
    b. Te pregunté
    c. Escuché
    d. Olvidé decir

42. No **te devanees más los sesos** y acepta mi invitación.
    a. Lo pienses más
    b. Lo dudes
    c. Te arrepientas
    d. Te preocupes

43. ¡Tomás es muchísimo más guapo que su amigo melenudo! **¡Dónde vas a parar!** El chico melenudo es más feo que Picio.
    a. Hay mucha diferencia
    b. Hay diferencia pero los dos son feos
    c. No se puede decir
    d. No se puede comparar

44. El hijo de nuestros vecinos se está **echando a perder**: fuma, bebe y no quiere estudiar.
    a. Desperdiciando su vida
    b. Perdiendo el dinero
    c. Perdiendo el tiempo
    d. Perdiendo sus estudios

45. ¡Pues claro que te voy a **echar en cara** que me trates con tanta indiferencia!
    a. Decir
    b. Perdonar
    c. Reprochar
    d. Castigar

46. La lluvia **echó por tierra** nuestra barbacoa.
    a. Apagó
    b. Mojó
    c. Canceló
    d. Estropeó

47. María se terminó el desayuno **en un santiamén** y se puso a jugar.
    a. Rápidamente
    b. Rezando
    c. Lentamente
    d. Mucho

48. Quise **escurrir el bulto** pero, al final, no me quedó más remedio que ir a la fiesta.
    a. Ausentarme
    b. Esconderme
    c. Lavar la ropa
    d. Trabajar

49. Me gustaría que te sintieras **a tus anchas** pero creo que estás incómodo conmigo.
    a. Nervioso
    b. Contento
    c. Tranquilo
    d. Bien

50. ¿Tú estás **como un cencerro** o qué? Lo que pretendes conseguir es imposible.
    a. Enfermo
    b. Loco
    c. Equivocado
    d. Borracho

51. Prefiero ir en coche porque a esta hora los trenes **están de bote en bote**.
    a. Son lentos
    b. Están sucios
    c. Llegan tarde
    d. Están abarrotados

52. No sé que le dije a Tomás pero parece que está **de uñas** conmigo.
    a. Contento
    b. Enamorado
    c. Enfadado
    d. Decepcionado

53. **Está de más** que sigamos esperando. Está claro que ya no va a venir.
    a. No hace falta
    b. Es necesario
    c. No está bien
    d. Es absurdo

54. Creo que José ya está **hasta la coronilla** de que le molestes con tus mensajes.
    a. Nervioso
    b. Harto
    c. Enfadado
    d. Aburrido

55. María está **hecha polvo** desde que Manuel le dijo que no la quería.
    a. Deprimida
    b. Enfadada
    c. Muy maquillada
    d. Tranquila

56. Luisa está **que muerde** porque otra vez han pegado a su hijo en la escuela.
    a. Enferma
    b. Llorando
    c. Asustada
    d. Enfadadísima

57. No me digas que he trabajado **con falta de rigor**, lo que pasa es que a veces yo también me desanimo.
    a. Duramente
    b. Sin seriedad
    c. Sin descanso
    d. Monótonamente

58. Aunque no quieras decírmelo, puedo imaginarme las cosas que haces **a hurtadillas** todos los días.
    a. Inconfesables
    b. Cantando
    c. Deprisa
    d. Por la noche

59. Es una pena que no te interese **hacer buenas migas conmigo** porque yo te aprecio.
    a. Hacer pan conmigo
    b. Trabajar conmigo
    c. Hablar conmigo
    d. Ser mi amigo

60. No haré más veces **de mi capa un sayo** y, a partir de ahora, te escucharé.
    a. Cosas que te molesten
    b. Lo que yo quiera
    c. El tonto
    d. Lo mismo

61. ¡Deja ya **de hacer pucheros** que te estás comportando como un crío!
    a. Fingir que lloras
    b. Jugar a los cacharritos
    c. Ver la tele
    d. Comer caramelos

62. ¿Por qué continúas **haciéndote la sueca**?
    a. Disimulando
    b. Viviendo en el extranjero
    c. Tiñéndote el pelo
    d. Viajando por todo el mundo

63. Si no hacemos pronto la reserva del hotel luego estará **hasta los topes** y será más difícil.
    a. Atestado
    b. Cancelado
    c. Olvidado
    d. Cerrado

64. A María **le importan un bledo** las consecuencias de sus actos.
    a. Le cuesta mucho dinero
    b. Le importa mucho
    c. Le aburren
    d. No le importa

65. ¿Por qué no **vas al grano** de una vez?
    a. Dices lo que quieres
    b. Compras maíz
    c. Te vistes elegantemente
    d. Me ayudas

66. Sí, ya sé que estoy **jugando con fuego** pero me gustan las situaciones al límite.
    a. Arriesgándome
    b. Haciendo algo ilegal
    c. Retrasándome
    d. Engañándote

67. Otra vez hemos tenido que ingresar al abuelo en el hospital. Este año **no levanta cabeza.**
    a. Le duele mucho la cabeza
    b. Tiene una enfermedad mental
    c. Está siempre en el hospital
    d. Tiene mucho problemas

68. **Mal que te pese**, me iré de vacaciones con quien yo quiera.
    a. Aunque te parezca muy caro
    b. Aunque te parezca muy pesado
    c. Aunque no tengas tiempo
    d. Aunque te moleste

69. Pase lo que pase y digas lo que digas, yo **mantendré el tipo**.
    a. Adelgazaré
    b. Aguantaré
    c. Trabajaré
    d. Mantendré mi promesa

70. Ya veo que he vuelto a **meter la pata** hasta el corvejón porque te has enfadado ¿verdad?
    a. Equivocarme
    b. Caerme
    c. Llegar tarde
    d. Molestarte

71. Todavía **no doy crédito a** que vayas a venir a España conmigo.
    a. Espero
    b. Deseo
    c. Dudo de
    d. Me sorprende

72. Si esperas que te responda Tomás, será mejor que esperes sentada porque generalmente **no dice ni mu**.
    a. Llega tarde
    b. No viene
    c. No escucha
    d. No dice nada

73. Le hice un montón de preguntas insidiosas pero él no **soltó prenda**.
    a. Se enfadó
    b. Respondió
    c. Escuchó
    d. Me miró

74. La vida de José **no tiene desperdicio**.
    a. Es interesantísima
    b. Es aburridísima
    c. No quiero conocerla
    d. No me gusta

75. Ya sé que te molesta que **no tenga pelos en la lengua** pero yo soy así.
    a. Sea franca
    b. Sea una mentirosa
    c. Sea una exagerada
    d. Sea maleducada

76. Me quedé **para el arrastre** cuando leí tu carta.
    a. Preocupado
    b. Contentísimo
    c. Abatido
    d. Decepcionado

77. Tú haces que **pierda la cabeza** completamente con tus cosas.
    a. Me duela la cabeza
    b. Me enfade
    c. Me duerma
    d. Me trastorne

78. Aunque no te lo creas, es cierto que no me importa que **me pongan los cuernos**.
    a. Imiten
    b. Me engañen
    c. Mientan
    d. Disfracen

79. La llamada de teléfono **me puso los pelos de punta**.
    a. Me aterrorizó
    b. Me enfadó
    c. Me molestó
    d. Me irritó

80. **Por si las moscas** será mejor que lleves un mapa.
    a. Por las molestias
    b. Por la dificultad
    c. Por si te pierdes
    d. Por precaución

81. **Nos quedamos de piedra** al enterarnos de la noticia.
    a. Nos sorprendimos
    b. Nos divertimos
    c. Nos reímos
    d. Lloramos

82. **Me saca de quicio** que siempre lleguéis tarde.
    a. Me irrita
    b. Me hace gracia
    c. Me desconcierta
    d. Me alegra

83. José **salió al paso** con una mentira.
    a. Negó lo sucedido
    b. Salió corriendo
    c. Huyó
    d. Nos hizo reír

84. Estáis acostumbrados a **saliros con la vuestra** pero está vez no vais a poder.
    a. Llegar tarde
    b. A ir con vuestros amigos
    c. A no escuchar los consejos
    d. Hacer lo que queréis

85. Siempre que te pregunto algo **sales por peteneras**.
    a. Respondes cantando
    b. Te vas
    c. No me escuchas
    d. Das evasivas

86. Pensábamos divertirnos pero Andrés **nos salió rana** y nos dio el viaje.
    a. Se murió
    b. Nos decepcionó
    c. Se emborrachó
    d. No vino

87. **Salta a la vista** que ya no se quieren.
    a. Es cierto
    b. Es evidente
    c. Es mentira
    d. Es horrible

88. ¡Deja de **seguirme la corriente** como si fuera tonta!
    a. Darme la razón
    b. Perseguirme
    c. Repetir mis palabras
    d. Decirme mentiras

89. **Me sentó como un tiro** lo que me dijiste.
    a. Me gustó
    b. Me alegró
    c. Me desconcertó
    d. Me fastidió

90. Trabajar contigo **no es precisamente como coser y cantar**.
    a. Es difícil
    b. Es divertido
    c. Es bueno
    d. Es aburrido

91. Un baño caliente es **mano de santo** para combatir el insomnio.
    a. Lo mejor
    b. Milagroso
    c. Inútil
    d. Triste

92. Este año los problemas han sido **más que suficientes**.
    a. Ligeros
    b. Fáciles
    c. Complicados
    d. Demasiados

93. Rosa **es una aguafiestas** porque tiene la lágrima fácil.
    a. Es muy molesta
    b. Es muy desgraciada
    c. Es muy buena
    d. Es muy aburrida

94. Tu propuesta me parece **un arma de doble filo**.
    a. Contraproducente
    b. Buenísima
    c. Malísima
    d. Peligrosa

95. Tú **eres un perfecto galimatías** para mí.
    a. Eres muy bueno
    b. Eres muy raro
    c. Eres muy aburrido
    d. Eres muy malo

96. No te enfades porque lo he hecho **sin ton ni son**.
    a. Para divertirme
    b. Para reírme
    c. Sin maldad
    d. Sin pensar

97. Este chico **tiene buena mano** para las traducciones.
    a. Es hábil
    b. Tiene buena letra
    c. Escribe bien
    d. Necesita mucha ayuda

98. ¡Qué lástima **que te tomes todo a pecho**!
    a. Todo te abrume
    b. Todo te moleste
    c. Todo te preocupe
    d. Todo te aburra

99. **No viene a cuento** que cambies ahora de opinión y digas eso.
    a. Es mentira
    b. Es bueno
    c. Me molesta
    d. No procede

100. Estoy cansada de que **vuelvas a las andadas con** el tabaco.
    a. Vayas a comprar
    b. Fumes
    c. Reincidas en
    d. Trafiques

CLAVE DE RESPUESTAS

1. a	26. a	51. d	76. c
2. c	27. d	52. c	77. d
3. a	28. d	53. a	78. b
4. b	29. d	54. b	79. a
5. d	30. b	55. a	80. d
6. c	31. b	56. d	81. a
7. d	32. d	57. b	82. a
8. b	33. a	58. a	83. a
9. d	34. d	59. d	84. d
10. c	35. b	60. b	85. d
11. a	36. d	61. a	86. b
12. d	37. c	62. a	87. b
13. a	38. a	63. a	88. a
14. a	39. d	64. d	89. d
15. d	40. c	65. a	90. a
16. b	41. d	66. a	91. a
17. c	42. a	67. d	92. d
18. a	43. d	68. d	93. a
19. d	44. a	69. b	94. d
20. d	45. c	70. a	95. b
21. b	46. d	71. d	96. d
22. a	47. a	72. d	97. a
23. d	48. a	73. b	98. b
24. c	49. d	74. a	99. d
25. b	50. b	75. a	100. c

使えるスペイン語フレーズ500
中級へのステップアップ

2009年7月20日 第1刷発行

著者 マリャヨランダ・フェルナンデス
　　　上田　隆
発行者 前田俊秀
発行所 株式会社　三修社
　　　〒150-0001
　　　東京都渋谷区神宮前2-2-22
　　　電話 03-3405-4511
　　　FAX 03-3405-4522
　　　http://www.sanshusha.co.jp/
　　　振替 00190-9-72758
　　　編集担当　北村英治・永尾真理
印刷・製本 萩原印刷株式会社
デザイン 株式会社プランク

©2009 Printed in Japan　ISBN978-4-384-05544-3 C1087

®〈日本複写権センター委託出版物〉
本書を無断で複写複製（コピー）することは、著作権法上での例外を除き、禁じられています。
本書をコピーされる場合は、事前に日本複写権センター（JRRC）の許諾を受けてください。
JRRC〈http://www.jrrc.or.jp　e-mail:info@jrrc.or.jp　TEL: 03-3401-2382〉